女性婚育、就业与健康的社会性别研究

陈婷婷 著

·广州·

版权所有　翻印必究

图书在版编目（CIP）数据

女性婚育、就业与健康的社会性别研究/陈婷婷著. —广州：中山大学出版社，2020.3

ISBN 978-7-306-06767-8

Ⅰ.①女… Ⅱ.①陈… Ⅲ.①妇女问题—研究—中国 ②性别差异—研究—中国 Ⅳ.①D669.1

中国版本图书馆 CIP 数据核字（2019）第 258595 号

Nüxing Hunyu Jiuye yu Jiankang de Shehui Xingbie Yanjiu

| 出 版 人：王天琪
| 策划编辑：周　玢
| 责任编辑：周　玢
| 封面设计：曾　斌
| 责任校对：王　璞
| 责任技编：何雅涛
| 出版发行：中山大学出版社
| 电　　话：编辑部 020-84110771，84113349，84111997，84110779
| 　　　　　发行部 020-84111998，84111981，84111160
| 地　　址：广州市新港西路 135 号
| 邮　　编：510275　　传真：020-84036565
| 网　　址：http://www.zsup.com.cn　E-mail：zdcbs@mail.sysu.edu.cn
| 印 刷 者：虎彩印艺股份有限公司印刷
| 规　　格：787mm×1092mm　1/16　13 印张　197 千字
| 版次印次：2020 年 3 月第 1 版　2020 年 3 月第 1 次印刷
| 定　　价：48.00 元

如发现本书因印装质量影响阅读，请与出版社发行部联系调换

目 录

第一章 导论 ·· 1
  一、现实背景 ·· 1
  二、研究意义 ·· 5
  三、主要内容 ·· 6
  四、理论视角 ·· 6
  五、基本思路 ·· 6
  六、研究方法 ·· 7
  七、篇章结构 ·· 7

第二章 婚姻与性 ·· 9
  一、夫妻权力模式和婚姻满意度的关联 ·· 9
  二、制约已婚流动妇女性生活的因素分析 ···································· 18
  三、流动人口对婚外性行为容忍度的性别差异 ···························· 26

第三章 性别与生育 ·· 37
  一、农村女性的性别角色意识 ·· 37
  二、城乡出生性别比的差异 ·· 46
  三、出生性别比失衡的防范机制 ·· 55

第四章 生育与政策 ·· 61
  一、广东省单独二孩生育政策实施效果评估 ······························ 61
  二、全面两孩政策下女性基本公共服务面临的挑战及对策 ········ 69
  三、实施全面两孩政策后广州市产检和分娩医疗资源需求分析 ······ 72

四、广州市海珠区家庭公共服务存在的问题及出路 …………… 86
　　五、生育救助制度的现状及干预 ………………………………… 91

第五章　生育与就业 ………………………………………………… 103
　　一、青年女性就业满意度的影响因素 …………………………… 103
　　二、社会性别视角下的女大学生择业质量 ……………………… 111
　　三、社会资本在流动女性生育和就业质量之间的调节作用 …… 119
　　四、残疾女性的生育权利和就业保障 …………………………… 131

第六章　生育与健康 ………………………………………………… 144
　　一、社会支持网和新生代女农民工的身心健康 ………………… 144
　　二、新生代女农民工的社会资本存量和健康 …………………… 153
　　三、提高残疾女性生育健康水平的路径选择 …………………… 161

后记　研究不足及后续展望 ………………………………………… 185

参考文献 ……………………………………………………………… 190

第一章 导 论

一、现实背景

20世纪，我国的几次社会剧变给社会生活的各个方面都带来了深远的影响，随着经济体制改革的进一步深化，我国的社会结构、社会关系以及社会生活方式都在发生着剧烈的变化。中华人民共和国成立以来，我国妇女的地位出现了历史性的飞跃；同时，1978年至今的改革开放也使我国妇女的家庭地位与社会地位发生着一些微妙的变化。对中国人而言，家始终有着特殊的含义。在社会转型期，家庭作为社会的基本单位，其伦理、结构、功能、观念及关系等都不可避免地受到影响而发生或多或少、或快或慢的变迁。

（一）社会转型期的家庭变迁

第一，家庭伦理责任纽带已开始松弛。从传统农业社会到今天，我国的家庭伦理关系已经发生了很大的变化，我国居民已经基本摆脱了旧式婚姻的沉重枷锁，在较大程度上实现了以爱情为基础的婚姻方式，基本上做到了自由恋爱和婚姻自主。传统文化赋予婚姻以传宗接代的历史使命和庄严责任，结婚成家本身不是为了情爱，而是宗族再生产的根本环节。而在当代社会，婚姻家庭观念逐步从家庭本位向个人本位过渡，婚恋道德准则和伦理责任作为维系婚姻的主要纽带，已开始松弛。

第二，家庭结构类型多样化。现代家庭具有小型化、核心化的趋势。家庭核心化指的是核心家庭在所有家庭中不断增长的过程。但核心家庭虽然处于社会的主要地位，是家庭构成的主要形式，一些非婚同居家庭、同性恋家庭、丁克家庭等特殊的其他家庭形式也不断出现和存在。家庭小型化的趋势仍将持续，而且随着社会、经济、文化的发展，家庭类型的变动可能更趋频繁。

第三，家庭功能进一步外移。在家庭功能方面，一些原来已经逐步外移的功能随着社会公共事业的发展与社会保障制度的进一步改革，呈现出不断加强的趋势。家庭之间消费水平的差距也会随着人们价值观念的变化与收入水平分化的加大而进一步增大。由于消费观念和消费行为模式的不同，加上社会公共事业与社会保障制度的发展，家庭的教育功能和赡养功能逐渐外移，家庭的情感功能和娱乐功能逐渐增强。

第四，家庭观念变迁。少生优生、晚婚晚育和自愿不育观念不断彰显。在自然经济时代，子女是一种财富，也是一种晚年保障。在养儿防老观念的支配下，多子多福的观念深入人心，多子女家庭大量存在。随着经济的发展、价值观念的转变以及抚养子女成本的提高，特别是在经济发达的地区，少生优生的观念已经成为社会生育观念的主流。社会转型期晚婚晚育、自愿不育的观念也得到普遍认同，新婚夫妇大多不急于生孩子，而是集中精力发展事业、积累财富。在现代价值观念的引导下，一方面，女青年渴望通过事业的成功实现自己的人生价值，希望夫妻二人有足够的生活空间来维系情感；另一方面，女性从事社会工作后，常常因为面对家庭和事业的双重压力而感到心力交瘁，因考虑到生育和抚养孩子的艰辛而放弃生育。

第五，家庭夫妻关系在趋于平等中不时冲突。现代家庭已经形成夫妻主轴的局面，夫妻关系是家庭关系和家庭权力的核心，夫妻关系中平等理念不断增强。在现代社会中，随着妇女解放运动的发展，妇女走出家门、走向社会，在各方面都要求和男子平等的权利。夫妻之间的平等关系表现在共同决定家庭的经济生活、共同承担家庭事务，相互尊重对方的生活方式、兴趣爱好、工作选择、价值取向等方面。伴随着市场经济的日益完善、产业结构的进一步调整、家庭收入格局的性别与代际变动，女性将进一步确立其在职业竞争中的地位，从而在家庭中涉及自身生活的各种问题上取得更多的发言权，为自己争得更大的生存和选择空间。但是，传统的角色模式与行为规范仍在发生影响,在某种程度上它通过协调家庭内部的人际关系来维护家庭的稳定,但也会同新的角色与行为规范发生冲突,造成家庭的不稳定。

(二) 当代家庭变迁的原因探寻

1. 家庭从私人领域向公共领域过渡

在生产力水平较低的农业社会,生育、养育子女等被视为每一个家庭的内部事务,父母或其他家庭成员天然地行使决策的权利,具有明显的封闭性。随着现代工业社会专门化分工的发展,公众和国家对家庭重要性的认识不断加深。对于公众而言,他们渴求科学有效的家庭知识的传授;对于政府而言,他们希望通过指导和规范家庭行为来促进社会稳步发展。因此,家庭不再是外界难以渗透和干预的神圣领地,社会大众对家庭的关注度不断上升,政府也逐渐把家庭发展纳入国家的事业之中。为了保证家庭职能的有效实现,国家和政府相继从婚姻家庭、儿童权益保护等方面出台了一系列制度、政策和法规。家庭发展从此不再是一件可以随意处理的家务私事,而被置于公众的视野中,成为一件需要面向公众、遵循一定的社会规范的公共事务。在这种良好的政策环境下,不论是政府部门还是群众团体,不论是专家学者还是社会志士,家庭发展的质量和家庭关系的和谐,都成为我们共同关注的话题。

2. 家庭理念由群体本位向个体本位转向

在中华民族的传统家庭制度中,家庭的维持与延续是高于任何问题的,为了成就一个名门望族,牺牲个人的一些欲望或要求,被认为是理所当然的,因为个人是为家庭而存在的。在相当长的一个时期内,建立在这种传统上的家庭教育在目标上仅仅是子女的成家立业和光宗耀祖。在这样目标指导下的家庭教育内容,一般只重子女的伦理教育和知识灌输,轻全体家庭成员的个性发展。市场经济体制建立后,在兼顾国家集体利益与需要的同时,个人的利益与价值逐渐得到尊重,家庭中个体本位的特征越来越突出,因此,这种转向要求家庭教育的目标也发生相应的现代转变。家庭教育的目标要基于家庭独特的存在价值,指引每一个家庭达到和谐与美满,促进每个家庭成员的身心健康和全面发展,也就是说,家庭教育的对象从单纯针对子女转向面对家庭中的每一个成员,涵盖儿童、青少年、为人父母与为人祖父母者。

3. 家庭形态从传统单一向现代多元嬗变

中国传统家庭形式是复式家庭,家庭生活方式是共同生产、共同生活、共同养育幼小、共同照顾老弱。但随着社会现代化的发展,核心家庭越来越成为家庭的主要结构,老人与子女同住的比例逐渐下降。家庭外在结构的变化,直接影响了家庭的内部关系,家庭代际间的经济、文化传承转移越来越困难,家庭伦理观念与家庭道德问题不断出现。除了家庭结构的小型化,多样性也是现代家庭变迁的一个突出特征。一方面,夫妻关系因外在的环境变动,面临如夫妻沟通问题、外遇问题等不同的挑战,离婚率不断增加,导致产生了许多破碎的家庭;另一方面,由于国际化、信息化与现代化的综合影响,除独生子女家庭和单亲家庭外,社会中还出现了丁克家庭、隔代家庭、同性恋家庭、外籍新娘家庭、农民工家庭等多元化的家庭形态。多样化的家庭形态引发了许多令人关注的家庭问题,如流动儿童和留守儿童的家庭问题、日益增多的异国异地通婚的家庭融合问题等。

就深层原因而论,性别观念作为一种社会现象,其产生与存在和社会文化、政治、经济制度等有着千丝万缕不可分割的关系。而社会性别文化则是众多影响因素中最根本、最不可忽视的真正根源。社会性别文化如同割不断的历史,经过历代的积淀,潜移默化地渗透到社会生活的各个方面,影响着人们在家庭、教育、择业就业中的思维观念和行为模式。总体而言,两性差异既是生理上的差异,更是社会建构的差异。男女差异现象,不仅折射出社会、经济、制度等诸多因素的影响,更折射出由社会建构的性别文化因素影响下的深刻烙印。女性的社会支持体系如结构、资源和网络等,为女性减轻生育顾虑创造了多重可能性,反馈并调节着经济社会变迁和生育政策对个体就业、健康等的作用。

改革开放后这短暂的几十年,正是中国家庭急剧转型,传统男尊女卑、男强女弱的家庭秩序遭到瓦解,但新的男女平等、独立自主的启蒙思想并未彻底实现的时期。在家庭中的两性关系呈现多元共存态势的时期,在家庭变迁的背景下，与女性生育相关的婚姻、性、就业和健康领域受到哪些因素的影响？当女性的教育水平、经济收入、社会地位以及性别意识不断提高之时，男女两性之间是否存在着重要的差异？有何不同？等等。这些，显然都是以往人口社会学研究中被忽略但又极具理论意义与现实意义的问题，是关系到两性平等和家庭和谐的重要问题。正是基于现实和学术的双重考量，本研究将女性的婚育、就业与健康作为研究问题并试图对该问题做一些初步的探索。

二、研究意义

（一）学术价值

用社会性别理论视角来研究女性议题有其先天的理论优势，这是一个声音微弱但亟须得到重视的研究角度。本书对女性生育相关的系列问题的现状描述和两性对比分析，不仅在理论上有助于我们提高相关问题的学理性解释和理解，也将为已有理论的本土化检验和进一步补充完善提供一定的实证研究素材，从而丰富了社会学、人口学以及女性学相关研究的理论解释。

（二）应用价值

对个人而言，由于绝大多数人都曾经、正在或将要经历婚育等问题，因此，本书有助于读者了解、分析和反思自身婚育、就业与健康方面所处的状态、存在的问题以及可能的走向等，以促进个人的幸福。

更进一步地，对社会而言，准确把握同我国女性生育相关的婚姻、性、就业和健康的变迁规律及影响因素是我们构建和谐的社会性别关系及家庭关系的前提和基础。一方面，有利于政府相关部门实际工作者做好生育等相关工作；另一方面，有利于尊重和维护妇女权益，通过性别文化和制度的变革对女性群体的婚育、就业及健康等未来实践给予政策保护和社会补偿。

三、主要内容

本书的主要内容是：在社会性别视角下，基于特殊的社会经济文化背景，借助全国综合社会调查、流动人口的婚姻家庭问题调查、大学生就业问题调查、中国健康与养老追踪调查以及各相关政府部门、社会团体发布的统计数据，结合实地调研，围绕生育议题，初步探讨了女性在生育相关系列问题，如婚姻与性、性别、生育政策、生育的就业影响、生育健康等问题上的现状、影响机制及其动态演变机理，进而试图提出有一定针对性的对策建议。

四、理论视角

本书立足于社会性别的理论视角。社会性别理论认为，性别有生理性别和社会性别之分，生理性别指两性在生理方面的差异，是先天的、不可更改的、由生物遗传因素决定的，由于生理性别在本质上并无优劣之分，因此，生理性别在理论上不应导致男女的性别差序格局；而社会性别是基于生理性别的男女两性在社会文化的建构下形成的性别特征，即社会文化形成的对男女两性差异的理解及其在婚姻、文化、教育、经济、政治等领域所扮演的角色的固定期待、要求和评价。根据社会性别理论的观点，男女两性在婚育、就业、健康等方面可能存在一定的差异，这种不同也正反映了当前的社会文化对男性和女性的不同期待和要求。

五、基本思路

首先，本书力图对相关主题中的国内外文献进行系统梳理，主要回顾学界至今以来的发展态势，综述各相关领域的研究范式、研究发现以及得到实证支持的理论解释等。另外，本书还将对前人的学术作为进行实事求是的评价，尤其是指出还需要继续努力的研究方向和重点。

其次，在文献综述的基础上，建构理论解释框架。其目的在于估算所关注的问题到底在多大程度上是归因于这些影响因素的，同时在控制其他影响变量的条件下，用量化模型观察背后的社会性别原因等。

再次，本书将利用由问卷和访谈调查得来的资料，以及各相关政府部门、社会团体等发布的统计数据，对我国女性婚育、就业、健康等相关系列问题进行一定的描述和解释，以发现其发展的规律和特点。

最后，总结和归纳研究的发现与结论，基于社会性别视角，结合原因分析的结果，有重点地展开总结反思或对策分析。

六、研究方法

1. 文献述评

文献述评主要用来全面了解前人研究实践，进而建构有别于前人研究的理论解释模型，以及指导分析对象的选定等。

2. 问卷分析

问卷分析借助全国综合社会调查等数据，用 Stata 或 SPSS 统计软件进行分析，并采用交叉互表、因子分析和多元回归等方法，为描述分析与解释分析提供实证支持。

3. 质性访谈

质性访谈在量化分析的基础上，通过个访、组访或社区调研等形式，对研究对象的状况有一个较为清晰的整体把握，从而为进一步认知和深入探讨相关情况奠定基础。

七、篇章结构

本书共有六章。

第一章，导论。首先，通过对现实背景的介绍，阐明本书所体现出的理论意义和现实意义；其次，提出本书的主要内容和理论视角；再次，介绍本书的基本思路和所采用的研究方法；最后，展示出本书的篇章结构。

第二章，婚姻与性。首先，针对夫妻权力模式和婚姻满意度的关联进行研究；其次，着眼于分析制约已婚流动妇女性生活的因素；最后，论述了流动人口对婚外性行为容忍度的性别差异。

第三章，性别与生育。首先，聚焦农村女性的性别角色意识及其影响因素；其次，对城乡出生性别比的差异进行考察；最后，提出出生性别比失衡的防范机制。

第四章，生育与政策。首先，就广东省单独二孩生育政策实施效果进行评估；其次，指出全面两孩政策下女性基本公共服务面临的挑战及对策；再次，分析了实施全面两孩政策后广州市产检和分娩医疗资源的需求情况；复次，总结了广州市海珠区家庭公共服务存在的问题及出路；最后，归纳了生育救助制度的现状及干预措施。

第五章，生育与就业。首先，对青年女性就业满意度的影响因素进行估计；其次，研究了社会性别视角下的女大学生择业质量；再次，着重分析了社会资本在流动女性生育和就业质量之间的调节作用；最后，阐释了残疾女性的生育权利和就业保障。

第六章，生育与健康。首先，专门就新生代女农民工身心健康的社会支持网进行研究；其次，重点关注新生代女农民工的社会资本存量和健康的关系；最后，指出提高残疾女性生育健康水平的路径选择。

第二章 婚姻与性

一、夫妻权力模式和婚姻满意度的关联

受到经济发展、社会转型、政策指引等影响，中国的家庭规模、结构、类型等特征呈现出丰富性和复杂性，婚姻满意度作为基本的民生议题也正面临巨大的机遇和挑战。夫妻权力是影响婚姻满意度的一个重要因素。婚姻中最基本的关系是夫妻关系，其中，夫妻在家庭中的权力与地位是夫妻关系的核心，夫妻关系的所有形式都可以在夫妻的权力与地位中表现出来。婚姻满意度是指已婚夫妇对其婚姻关系满意程度的主观感觉和评估，该词由美国社会学家汉密尔顿（Hamilton）在1929年发表的《婚姻研究》一书中首次提出。人们对自身婚姻的主观评价会影响到他们在婚姻方面的行为选择，所以，研究夫妻关系的核心——夫妻权力具体如何影响婚姻满意度，对于分析当前中国家庭的婚姻质量以及婚姻的稳定性都具有一定的现实帮助。

（一）问题提出

社会学关于夫妻权力的研究最早的是柏拉德（Blood）和沃尔夫（Wolfe）的资源假设理论，1960年，他们共同出版了夫妻权力领域迄今为止最具影响力的著作《丈夫与妻子：动态的婚姻生活》。资源假设理论认为，夫妻间的相对权力是来自双方个人的相对资源，配偶中具有教育、收入等主要资源优势的一方拥有更多的决策权。这之后，夫妻权力方面的研究逐渐增多，夫妻权力一度成为家庭社会学领域的热门话题。但是，资源

假设理论遭到了大量的批评。社会学家罗德曼（Rodman）提出的"文化背景中的资源理论"认为：与比较资源相比，文化规范结构对于夫妻权力的差异更具解释力，特定的文化有特定的夫妻权力规范。另外，很多学者从社会交换论和权利理论的视角对资源理论进行了批判，强调了资源理论中内含的交换逻辑。

综观夫妻权力方面已有的具体批判可以发现：其争论的核心问题是夫妻权力的界定和测量问题。关于夫妻权力的具体测量，国内外很多学者以家庭决策的结果即家庭事务决定权和家务分配来考察婚姻权力主要的评价指标。之后，有学者提出家庭决策权与个人决策权应加以区分，并认为个人自主权是衡量夫妻权力的一个更合适的指标。

但以往这些研究忽略了权力的动态性和过程性，大多关注决策的结果，并没有将权力的整个运行过程本身当作研究的主体。笔者十分赞同罗斯柴尔德的观点，他批判了将家庭权力作为静态现象来研究的倾向，将关注重点从"个体权力"转移到"权力过程"上来，他认为，家庭权力运作必不可缺的三大要素是权力的基础、权力的实施过程、权力的结果。但是，夫妻权力过程的研究在大量研究者的呼声和努力中依然不够深入，有关夫妻权力具体过程与婚姻满意度的实证研究更是凤毛麟角。

因此，本节将根据2006年全国综合调查的数据，利用多元回归分析考查权力基础（夫妻各自拥有的资源）、权力实施过程（双方在商议问题方面的互动过程）、权力结果（最终的决定权归谁）这三大夫妻权力运行的要素，对人们婚姻满意度带来的具体影响以及影响程度的大小。本节所用数据来自2006年全国综合社会调查，该调查采用标准按规模大小成比例的概率抽样方法在全国大部分范围（不包括青海、西藏）抽取样本，分为城市卷、农村卷和家庭卷。其中城镇样本6013个、农村样本4138个，有3208个样本继续回答家庭问卷。本节挑选继续回答家庭问卷的3208个样本中已婚有配偶的样本作为分析数据，共计2572个样本。

（二）研究设计

本节的因变量是婚姻满意度，在调查中受访者被要求对自己的婚姻生活的总体满意度进行评价，答案根据利克特量表设计成五个等级："非常不满意""不满意""无所谓满不满意""满意"和"非常满意"，并由低到高分别赋值1~5分。估计值越高，表明当事人的婚姻满意度越高。调查结果显示，69%的受访者对自己的婚姻生活感到"满意"，感到"非常满意"的有13.1%，13.9%的人选择"无所谓满不满意"，选择"不满意""非常不满意"的加起来仅为3.4%，这表明，当前中国居民对婚姻生活的总体满意度较高。

以夫妻权力过程的三个要素：权力基础（教育差、年收入差）、权力过程（互诉烦恼、对金钱支配使用不同意见频率）、权力结果（家务差、家庭事务决定权）作为自变量，以解释夫妻权力的各个因素对婚姻满意度的具体影响，解释模型见图2-1。

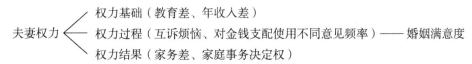

图2-1　夫妻权力与婚姻满意度关系的解释模型

在本节研究中，还加入了一些测量人口学特征的变量作为控制变量，如地域类型、性别、出生年、户口状况、婚龄和子女数。

对前述的解释变量及控制变量，先分别进行以下测量和处理。

1. 权力基础（教育差、年收入差）

由于全国综合社会调查的问卷中没有直接设计夫妻教育差和年收入差的问题，只提供被访者和配偶各自的教育程度和2005年被访者和配偶各自的个人收入，所以首先对其进行处理，教育差为（自己-配偶）、年收入差为（自己-配偶），其中教育程度差为虚拟变量。

2. 权力过程（互诉烦恼、对金钱支配使用不同意见频率）

问卷设置了两个题目测量夫妻交流："配偶会听我说我的烦恼""配偶会跟我说他/她的烦恼"。答案分为七个等级："非常符合""相当符合""有些符合""无所谓符不符合""有些不符合""相当不符合""非常不符合"，并由低到高分别赋值1~7分。估计值越高，表明当事人和配偶的交流程度越低。

调查用"对于用钱，您和您的配偶是否经常会有不同意见？"测量夫妻对金钱支配使用的不同意见频率，答案设置了三个等级："一星期总有几次""一个月总有几次""一年总有几次"，由低到高分别赋值1～3分。估计值越高，表明被访者夫妇对金钱支配使用有不同意见的频率越低。

3. 权力结果（家务差、家庭事务决定权）

问卷中分别用两个矩阵式问题测量被访者与其配偶的家务量，"过去一年，下列家务事您（您配偶）多长时间会做一次：a 准备晚饭、b 洗衣服、c 打扫家里"，答案分为七个等级："几乎每天""一周数次""约一周一次""约一个月一次""一年数次""约一年一次""从没做过"，由低到高分别赋值1～7分。估计值越高，表明当事人越不经常做家务。笔者先分别对被访者自己及其配偶的家务量做因子分析，分别获得一个因子，最后算出夫妻家务差（自己 fact1 - 配偶 fact2）。

家庭事务决定权方面的问题是"下列家务事是由您还是您配偶决定：a 子女的教养、b 自己父母的奉养、c 家用支出的分配、d 买高价的家庭用品"，答案同样设计成六个等级："总是我""经常是我""我和我配偶各半""经常是我配偶""总是我配偶""其他家人"，由低到高分别赋值1～6分。估计值越高，表明当事人越没有家庭事务决定权。

4. 控制变量

地域类型、性别、出生年、户口状况在问卷中都直接测量。婚龄和子女数方面，问卷中只测量了被访者当前婚姻结婚年份和有几个亲生女儿、几个亲生儿子，故进行如下处理：婚龄 = 调查年份 - 当前婚姻结婚年份，子女数 = 几女 + 几男。

为了厘清夫妻权力对婚姻满意度的影响情况，本研究建立了两个回归模型。首先，引入人口学特征下的变量进行回归分析，形成基准模型 B，包括地域类型、性别、出生年、户口状况、婚龄和子女数；其次，以人口学特征的变量作为控制变量，将夫妻权力三个因素的各个变量纳入回归模型进行分析，形成模型 I。分析结果见表 2-1。

表2-1 回归分析模型（括号内为标准回归系数）

夫妻权力过程预测变量	模型B	模型I
一、控制变量		
性别	-0.064（-0.047）*	-0.094（-0.076）
出生年	0.003（0.052）*	0.017（0.368）
户口状况	0.015（0.022）	-0.057（-0.088）
地域类型	0.020（0.041）	-0.081（-0.163）
婚龄	3.077E-05（0.013）	0.015（0.324）
子女数	-0.022（-0.034）	0.045（0.076）
二、权力基础		
教育差		-0.069（-0.220）*
年收入差		1.838E-08（0.116）
三、权力过程		
配偶会听我说我的烦恼		0.186（0.307）
配偶会跟我说他/她的烦恼		-0.496（-0.839）**
对于金钱支配使用，您和配偶是否经常会有不同意见		0.194（0.322）**
四、权力结果		
家务差		0.047（0.119）
决定-子女的教养		-0.026（-0.065）
决定-自己父母的奉养		-0.016（-0.048）
决定-家用支出的分配		-0.118（-0.235）
决定-买高价的家庭用品		0.040（0.073）
常数	-1.793	-29.483
N	2572	2572
Adjusted R Square（%）	0.6%	32.3%
F	3.507	3.295

注：* 表示 $P \leq 0.05$，** 表示 $P \leq 0.01$，*** 表示 $P \leq 0.001$。

（三）结果与分析

总的来看，在引入夫妻权力过程的各变量后，被访者性别和出生年变得不再显著，相较于基准模型，模型Ⅰ预测的解释力从 0.6% 上升到 32.3%，这说明，引入夫妻权力过程维度对婚姻满意度具有明显作用。从模型Ⅰ的分析结果中可以发现如下几点。

1. 夫妻教育程度差距越大，婚姻满意度越低

在模型Ⅰ中，夫妻教育差对婚姻满意度有明显的负向显著度，这表明随着被访者与其配偶教育差的升高，婚姻满意度越低。教育差对婚姻满意度的标准回归系数为 -0.069，这意味着被访者与其配偶的教育差每扩大 1 个等级，婚姻满意度就降低 0.069，该结果也与以往的研究结论和经验基本上一致。教育程度不同的夫妻在意见一致性、凝聚力及婚姻调适方面都有显著差异，在很多方面比教育程度相当的夫妻更容易产生分歧，比如性别角色、家庭结构、生活方式、对子女的教养方式等方面。教育程度相近的夫妻价值共识较强，双方在社会背景上表现出较高的相似性，夫妻关系更稳定，更易于对彼此关系感到满足。

2. 夫妻年收入差对婚姻满意度无显著影响

回归分析结果表明，夫妻年收入差对婚姻满意度的影响无统计显著度。在现代社会，夫妻收入与夫妻的精神生活质量有一定的联系，但也不是必然的联系。它只不过是保证家庭生活质量的一个条件，在家庭拥有一些基本的生活保证和经济基础的情况下，婚姻质量的高低更多地要看夫妻情感的质量。不管是哪一种收入比例的家庭都有失败的例子，可见失败的原因不在于谁的钱多、谁的钱少，而在于爱情的质量。这种质量也需要一定的经济条件维持，但更多的是由感情的基础、夫妻双方的思想观念、生活态度、学识修养和性格品格来保证的。另外，如今在我们身边，收入差距巨大的夫妻毕竟还是少数，大多数家庭夫妻的收入差距不是很大，正是这大多数家庭的稳定维护了社会的稳定，他们在经济上谁也不依赖谁，许多夫妻在这样的收入分配格局中都可以获得一个心理平衡。

3. 配偶越不主动诉说烦恼，当事人的婚姻满意度就越低

模型Ⅰ的统计结果表明，"配偶会跟我说他/她的烦恼"的估计值越高，婚姻满意度估计值就越低，该题的估计值越高，表明配偶越少跟被访者诉说烦恼。所以，这也就是说配偶越不主动诉说烦恼，婚姻满意度就越低，该结论和以往的经验和研究结果是一致的。但是，模型Ⅰ中，"配偶会听我说我的烦恼"对婚姻满意度的影响无统计显著度。这表明，在夫妻关系中，比起对配偶诉说烦恼，配偶向自己诉说烦恼更能提高当事人的婚姻满意度。夫妻是一个互动单元，丈夫和妻子在婚姻关系中相互扶持、相互影响，从婚姻关系中获得伴侣的支持是其他关系中的支持难以代替的，它对心理健康、关系质量等方面都有着积极影响，并能通过提升个体的主观幸福感来防止婚姻冲突和关系恶化。当今社会竞争激烈，工作压力大，人们更渴望与另一半有更多的交流和沟通。要是另一方遇到烦恼不向对方倾诉，什么烦恼都自己扛着，这会让对方产生不安全感和不被信任感，从而产生猜忌、怀疑和疏远等负面情绪，进而影响其婚姻满意度。另外，要是家庭中的另一方向当事人倾诉了自己的烦恼，会产生"共情"的效果，增强夫妻感情，从而使当事人的婚姻满意度提高。

4. 对金钱支配使用有不同意见频率越高，婚姻满意度越低

调查用"对于金钱支配使用，您和您的配偶是否经常会有不同意见？"来测量夫妻对金钱支配使用的不同意见频率，答案的估计值越高，表明被访者夫妇对钱有不同意见的频率越低。统计结果表明，该题的估计值越高，婚姻满意度估计值就越高，也就是对金钱支配使用有不同意见的频率越低，婚姻满意度越高。其标准回归系数为0.194，这表明为金钱支配使用产生冲突的频率每少一个单位，婚姻满意度就提高0.194个单位。婚姻中难免会有意见不合的时候，想有一个更好未来的夫妻们也总是在金钱支配使用的问题上各执己见，并不是只有唯利是图的人才会为了钱争吵，金钱被称为家庭中无形的"第三者"，关于金钱支配问题上的矛盾是导致婚内摩擦的一个很重要的诱因，而且对于某些夫妻来说，这个问题直接导致了他们对自己的婚姻不甚满意，甚至家庭破裂。

5. 家务差越大，婚姻满意度不一定越低

西方学者普遍认为，家务差和婚姻满意度两者的关系是通过"家务公平感"这一中间变量联系起来的，承担家务的多少与婚姻满意度无显著相关，该结论与本研究结果是一致的。《中国婚姻研究报告》的调查结果指出，家务分工不仅与传统的性别角色有关，还受到诸如上下班时间、劳动强度和压力以及身体状况等因素的影响。尽管妻子和丈夫一样每天上下班，但女性在社会领域充当配角的多，养家糊口的压力较小，因此，不少妻子接受这种分工现实，对丈夫较少承担家务持理解、宽容态度。如今，夫妻共同做家务正逐步成为重要的家务分工模式，农村家庭中丈夫承担家务劳动的也占相当大的比例，传统的角色模式正在被男女平权的新模式所取代，具体家务劳动中的性别差异已极大地被打破了，"女主内"模式日趋模糊，但是依然存在。

6. 对家庭事务越有决策权，婚姻满意度不一定就高

在回归分析中，家庭事务的决策权对人们婚姻满意度的影响并没有显著度。2006年全国综合调查的结果表明：在家庭事务的决定权方面，夫妻共同参与决定所占比例更大，"决定子女的教养""决定自己父母的奉养""决定家用支出的分配""决定买高价的家庭用品"这些家庭事务的决定权"我和我配偶各半"的比例均占50%以上。这个结果一定程度上说明了在家庭重大事务的决策权上，夫妻共同决定已成为城乡家庭的主要选择，家庭内部夫妻权力虽有差距，但趋于平等。

（四）思考

根据以上的分析，可以得出如下结论：在现阶段的中国，夫妻权力运行的三个要素中权力过程是影响婚姻满意度最重要的环节，其中配偶向被访者诉说烦恼和对金钱支配使用的不同意见频率都对婚姻满意度有显著影响；权力基础中教育差对婚姻满意度虽也有显著的负向影响，但其影响程度较小，夫妻年收入差以及权力结果（家务差、家庭事务决定权）对婚姻满意度无显著影响。

婚姻双方心理上的相互依赖和精神上的相互寄托是保持婚姻稳固的根

本原因。现代社会大部分人在婚后都会把大部分精力放在工作、家庭琐事和子女教育上，而忽视了对爱情的培养、巩固，忽视了夫妻双方情感的交流。久而久之，夫妻感情趋于淡漠，因而滋生出对婚姻的不满意情绪。因此，夫妻双方应经常进行坦诚的思想交流，诉说自己在生活中遇到的烦恼以增进夫妻感情。至于对金钱支配使用的不同意见方面，建议别漏掉了婚前谈话，进行这次对话最主要的目的是让双方相互了解各自对于金钱的态度，坐下来讨论婚后的财政规划，很多类似这样的夫妻之间关于金钱支配的矛盾和对立是可以避免的。另外，还可以定期举行关于家庭财政问题的讨论，在交流的过程中，保持一种平和的态度，其间夫妻要进行一系列的协商，相互表达自己的观点，开诚布公，没有欺骗，主动调适，最终达到双方都满意的程度。

总之，在生活中主动地让对方了解自己的精神世界，加强夫妻情感的交流和沟通，尊重、理解对方，营造民主、平等的家庭环境，这样爱就会逐渐深厚，婚姻也就自然满意而稳固。中华民族素来有重视家庭合作的优良传统，家庭和睦幸福是我们中国家庭制度建构的出发点和目标，也是我们中华民族家庭文化传承和建设的重点所在。

在家庭领域加强夫妻交流与合作起码有以下两方面的必要性。一方面，是夫妻共有的家庭传统的内在需要。家庭稳定和家庭生活质量是夫妻共同关注的问题。虽然这些年因为国际化程度不断提升，西方世界个人中心主义也渗透到中国社会中，但几千年积淀下来的对家庭的向往与责任、对孩子的呵护和尽职，依然是我们中华民族的文化主流，家庭是爱的港湾，这种与家相关联的爱也为夫妻家庭交流合作提供了伦理上的支持。带着爱的期待而来，肩负爱的传播而去，夫妻家庭交流合作转化为一种爱的互动和强化，它可以冰释前嫌、化解冲突、跨越人为障碍、彼此善待、直言不讳。可以说，传统中华家庭文化与制度是推动夫妻家庭交流合作最初始的，也是最强大的内发动力机制。另一方面，是夫妻各有所长和特色的家庭实践和探索，也进一步突出了在交流合作中取长补短和携手并进的迫切需要。夫妻在家庭发展中，共性和差异并存，夫妻双方都受到现代化进程的影响。现代化给家庭带来的如单亲和重组家庭比例的日益提高、信息化网络化对家庭关系的冲击、人口流动对家庭生活秩序的影响，以及亲子教育过程中父亲角色缺位等问题，都是时代带来的夫妻双方需要共同面对的新挑战。

因此，为了不断应对新的婚姻挑战，追求我们的家庭和谐与子女健康成长，夫妻有必要携手努力，进一步激发夫妻家庭交流合作的热情，形成一个良性的富有活力的交流合作循环机制，从而一起建设夫妻共有的幸福家园。

二、制约已婚流动妇女性生活的因素分析

随着中国市场经济的发展和城镇化进程的加快，流动人口数量急剧增加。性是流动人口生活质量中不可缺少的一个重要组成部分。流动人口的性生活质量不仅关系到自己家庭的幸福，而且直接影响到城市地区甚至整个社会的稳定。为此，有必要深入探讨流动人口特别是更为弱势的女性流动人口的性生活状况，这不仅是对流动妇女的关怀，而且对和谐社会建设具有重大意义。本节利用课题组从 2005 年开始的针对全国流动人口展开的问卷调查结果，描述已婚流动女性的性生活状况，并借助多元回归模型发现和估计决定流动妇女性生活的主要影响因素及其影响程度，最后在分析的基础上，提出促进已婚流动妇女性生活水平的应对策略。

（一）研究假设

20 世纪 80 年代后期以来，随着人们对性愉悦追求的日渐显性化以及社会对性事看法的逐步放开，国内学者慢慢开始把目光投向国人的性生活领域。刘达临教授对 7000 多名已婚者的性生活进行调查，发现男性、身体状况较好的、文化程度较高以及性生活频率高、性交体位多样化、双方相互配合并经常体验到性快感的被访者性生活的满意度相对较高。潘绥铭教授指出，性生活状况同时取决于性行为五个具体方面的状况：性生活的频率、达到性高潮的次数、性行为的具体方式、爱抚行为的种类和状况、情感交流，而以上五个方面又取决于当事人的性别、年龄和具体的性态度。

在随后的一项研究中，潘绥铭还考察了阶层归属、社区性文化、个人的性关系态度、性爱现状和个体的性状况这五种因素对男女两性多伴侣性行为的作用强度，数据分析表明，社区性文化对男性的作用和性关系态度对女性的作用极其突出。李银河教授1994年对北京市2000多人的概率抽样调查则显示，性和谐程度不受任何诸如教育程度、职业和收入等社会阶层因素的影响，但比较开放的性态度如认同女性性权利的被访者，有更大的概率得到和谐的性生活。徐安琪根据对上海、哈尔滨、广东和甘肃6000多名已婚男女的入户问卷调查资料，系统研究了中国人的性生活满意度及其影响因素，她发现婚前的感情深度、夫妻同质性以及对性价值持肯定态度等初始变量都通过改善性生活模式而间接地提高了中国人的性生活和谐度。西安交通大学人口与发展研究所则利用安徽省××区农村大龄男性的生殖健康和家庭生活调查数据，对性别失衡背景下中国农村大龄未婚男性的性行为进行了分析，结果发现41%的农村大龄未婚男性处于极度性匮乏状态，从未有过性生活。

可以看到，国内目前在性生活方面的研究成果中，目标人群相对集中，多为普遍意义上的城乡人口，近年来，也出现了一些对特殊人群如娱乐中心从业人员、大学生、少数民族等的性行为研究。但是，较少人对流动人口特别是已婚流动妇女这一特殊人群的性生活进行专门的调研，仅有的少量该方面的相关研究也大多停留在简单的统计描述和比较分析上，假设检验式的量化研究相对较少，从微观和宏观相结合的角度进一步分析流动妇女的性生活水平的学术成果更是鲜见。因此，目前对性生活领域的研究至少可以从以下几个方面进一步深化。其一，可以针对已婚流动妇女这一特殊人群的特征，从社会性别视角对其性生活的状况进行分析；其二，应该将有关性生活和性行为的研究从定性讨论和简单的描述分析进一步提升为更加严格的参数估计和模型检验；其三，有必要从微观与宏观相结合的层面，引入个人、家庭、社会等变量来分析影响已婚女性流动人口的性生活的主要因素。根据上述几个方面，本研究构建了一个宏微观相结合的综合解释模型（见图2-2），以检验已婚流动妇女性生活水平的影响因素及其影响程度大小。

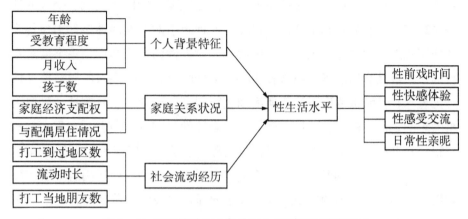

图 2-2 已婚流动妇女性生活水平的理论解释框架

具体的假设是：①个人背景特征层面，一般认为身体状况、知识理念、物质条件对人们的性生活有一定的积极作用，也就是说，年龄越轻、受教育程度和收入水平越高，性生活质量也越高。②家庭关系状况层面，家庭生命周期理论认为，孩子会使夫妻的性生活受到角色转换的影响；流动时与配偶分居两地、缺乏家庭经济支配权等情况也会使当事人的性生活水平下降。③社会流动经历层面，由于流入地多为相对发达的地区，因此，在外流动地区数越多、流动时间越长以及在流入地结交的朋友越多，在文化趋同的作用下，其性观念和性行为也越趋向现代化。

（二）数据与变量测量

本节所用数据来自中国教育部资助的课题"流动人口的婚姻家庭问题调查"。该调查从 2005 年开始，由厦门大学人口研究所主持，采用入户问卷调查的方式，调查对象分为全国各地的农村外出打工人口和农村从未外出打工人口两组，最后共获得外出打工者有效样本 960 个，其中已婚有配偶的女性样本 147 个，已婚有配偶的男性样本 230 个；农村从未外出打工者有效样本 233 个，其中已婚有配偶女性 65 人、男性 83 人。研究的主要分析对象为外出打工的已婚有配偶的女性样本，为了进行性别比较，也对外出打工的已婚有配偶男性进行了相应的检验分析。

在研究中，用以下四个问题来测量已婚流动女性的性生活水平：①"您和配偶近来在性交前拥吻、爱抚等亲密的时间一般有多长"；②"您在近来的性生活中是否经常体验到性快感（性高潮）"；③"在夫妻性生活中，配偶是否经常与您交流性感受"；④"除了性生活以外，您夫妻之间平时是否经常有亲昵行为（如牵手、亲吻等）"。在度量的时候，将被调查对象对这几个问题的回答整合为从弱到强的四个选项，还分性别计算了四个项目的复合指数，用单一的复合指数对已婚流动妇女的性生活水平进行测量和分析，其复合指标的方差贡献率为50.148%。

解释变量的测量如下：①个人背景特征。指个人的年龄、受教育程度和月收入。被访者的受教育程度处理成连续变量的形式，受教育程度越高，赋值越大。②家庭关系状况。该组变量包括孩子数、打工时与配偶的居住情况、家庭经济支配权3个。将与配偶的居住情况转化为虚拟变量，与配偶一起居住的赋值为1，与配偶分居的赋值为0；家庭经济支配权是主观测度，是指被访者本人是否觉得自身拥有家庭经济支配权。③社会流动经历。社会流动经历有3个变量，具体有被访者在外打工到过地区数、打工时长以及打工当地朋友数，同样，也将"打工当地朋友数"处理为连续变量。

（三）研究发现

1. 已婚流动妇女的性生活状况描述

关于已婚女性流动人口的性生活，下面将从性前戏时间、性快感体验、性感受交流以及日常性亲昵这四个方面进行描述。在性前戏时间方面，我们的调查结果显示：已婚流动女性样本在性交前的拥吻、爱抚时间以"3到10分钟"最为普遍，这部分人群达到50%左右；"没有性前戏行为"而直奔主题式性交的研究对象的比例为9%。在性快感体验方面，已婚流动妇女"从来没有"过高潮体验的比例为10%，能够"经常"体验到性快感的比例仅为27%，大部分已婚流动女性只是"偶尔"或"有时"有过性快感体验。从性感受交流的调查结果汇总来看，仅有15.1%的已婚流动妇女的配偶"经常"与其交流性感受，"偶尔"交流的比例为

29.5%,"有时"交流的比例为37.4%,还有18.0%的被访对象的配偶"从来没有"与其交流。日常亲昵行为方面,21.7%的已婚流动妇女表示夫妻之间"经常"有亲昵行为,"偶尔"有和"有时"有亲昵行为的比例比较接近,分别为31%和33%,回答"从不"表现亲昵行为的比例有13.7%。

图2-3是已婚流动女性、从未外出已婚女性、已婚流动男性三者在以上性生活水平的四个项目上的平均得分分布情况。从总体上看,图中呈现的数据表明,已婚流动女性的性生活水平高于从未外出打工已婚女性但低于已婚流动男性。也就是说,和农村从未流动女性相比,农村流动女性的性生活质量有了一定的改善,但与男性相比,仍然存在着一定差距,这其中既有生理方面的原因,也有传统性规范的变迁速度差异等复杂的社会文化原因。具体看来,三者在性前戏时间、性感受交流、日常性亲昵以及性快感体验四个方面虽然差距并没有想象中的那么明显,相互之间的差距都在1.0分以内,这一定程度上说明,近年来人们的性行为日趋平等、健康、自然。然而,从各相关问题的平均得分在总分值中所占的比例可以看出,我国的性文化仍然相对滞后和传统。

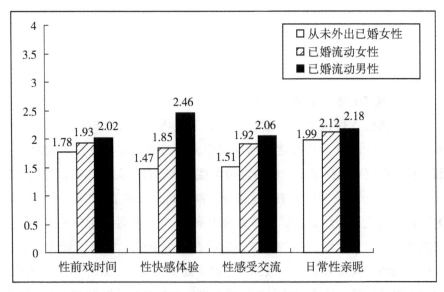

图2-3 已婚流动女性、从未外出已婚女性、已婚流动男性的性生活水平得分情况

2. 已婚流动女性性生活的影响因素分析

在两个多元回归模型中（见表2-2），相较于已婚流动男性模型，已婚流动女性性生活模型的拟合效果较好，其调整后的决定系数达到33.1%，也就是说，该模型解释了33.1%的被解释变量的方差。因此，从拟合的效果来看，关于已婚流动女性性生活的理论建构模型的预测能力得到了一定程度的证实。

表2-2 已婚流动女性性生活的多元回归分析表

指标项目	已婚流动人口的性生活	
	女性	男性
个人背景特征：		
年龄	0.244（0.107）**	-0.047（-0.071）
受教育程度	0.301（0.354）***	0.049（0.019）[1]
月收入	2.381E-07（0.156）*	-6.42E-08（-0.052）
家庭关系状况：		
孩子数	-0.033（-0.008）	0.024（0.234）
家庭经济支配权	0.402（0.392）***	0.217（0.032）
与配偶居住情况	0.547（0.131）***	0.612（0.463）*
社会流动经历：		
打工到过地区数	0.046（0.093）	0.183（0.102）
流动时长	0.065（0.110）	0.023（0.048）*
打工当地朋友数	0.741（0.639）***	0.254（0.219）**
adjR²	0.331	0.065
F	3.756	1.253
N	147	230

说明：[1] 表示 $P \leq 0.1$，* 表示 $P \leq 0.05$，** 表示 $P \leq 0.01$，*** 表示 $P \leq 0.001$。

表2-2显示了已婚流动女性性生活模型的具体回归分析结果：

第一，个人背景方面，已婚流动女性的受教育程度和月收入对其性生活质量有正向的显著影响，但年龄越轻，其性生活水平反而越低。首先，随着已婚流动女性个人受教育程度的提高，其性生活水平也越高，这与我们的假设相一致，其回归系数是 0.301，在 0.001 的统计显著性水平上。具体地说，一方面，较高的文化程度赋予了流动女性较强的认识和接受先进性观念的能力，同时，又削弱了农村传统性文化所产生的负面影响；另一方面，受教育程度越高，对性生活常识了解得相对越多，因而性生活质量也会随之升高。其次，月收入对性生活质量的影响也是正面的，正如"需要层次论"所指出的那样，只有物质条件达到一定程度，人们才有精力和心思去追求高质量的性生活。最后，在年龄的影响方面，模型显示年龄大的比年龄小的已婚流动女性的性生活质量更高，该回归系数为 0.244，并在 0.01 水平上具有统计意义，也就是说，年龄每大 1 岁，其性生活水平就高出 0.244 分。其可能的解释是年龄越大，夫妻间相互了解的程度会逐步加深，夫妻之间性互动也会越顺畅，同时，本节研究的被访对象大多为中青年，而中年人群比青壮年相对更懂得用性爱艺术方法和技巧来促进性生活进行，因此性生活更加和谐。

第二，在家庭关系状况中，掌握家庭经济支配权以及与配偶同住对流动女性的性生活都有积极的促进作用，而孩子数对其性生活的影响并不显著。首先，从表 2-2 中的回归结果可知，家庭经济支配权对流动女性性生活质量的影响较为明显，在 0.001 水平上具有统计显著性，其回归系数高达 0.402，该结论和我们原先的设想相符，这一定程度上意味着人们在家庭生活中的经济权力会不自觉地影响到各自的性生活领域。其次，模型显示，在外流动时与配偶的居住情况对流动女性的性生活水平有很大影响，其回归系数为 0.547，也同样在 0.001 水平上具有统计显著性，具体说来，也就是与配偶居住在一起的流动女性的性生活水平比与配偶分居的流动女性高出 0.547 分。这其中的原因相对显而易见，主要是由于长期与丈夫分居的流动女性，过不了正常的夫妻生活，从而降低了她们的性生活质量。此外，由于大多数被访流动人口在外打工时子女都不在身边，所以孩子对性生活水平并无显著影响。

第三，关于社会流动经历对已婚流动女性性生活的积极作用的理论假设在表 2-2 所示的回归分析中并未得到充分验证，其中只有打工当地朋友数对流动女性性生活的同向促进作用比较显著。首先，原因可能是打工到过地区数越多、流动时间越长并不一定就有利于流动女性的再社会化，频繁的流动、短暂的驻留事实上更不利于流动女性融入城市,不利于她们习得并获得较为开放的性文化。况且,由于受到主观、客观上的城乡资源差异影响,多数流动人口融入流入地的起点都是低层次、低水平的,流动人口边缘化的问题也一直存在,因此,流动人口与流入地的文化思想、社会生活的互动还没有达到一个比较融洽的水平,强大的传统力量阻碍了她们接受城市文化的速度与程度,如居住方式、交友圈子等都会在一定程度上制约再社会化的进程。所以,即便打工到过的地区数较多,流动时间较长,她们的思想观念仍然较为传统和保守。但是,总体上看,流动经历对流动女性性生活水平的影响是积极的、正面的,打工当地朋友数对性生活水平的显著影响就可以说明这一点,只是城市化进程伴生的流动大军发展至今只有30年的时间,流动人口在流动经历中从思想意识到行为实际的不断趋同是一个递进的渐变过程,城市文化与生活方式对流动女性的影响也是潜移默化和持久性的,流动经历对于性生活质量的积极影响也同样会是一个逐步从不显著到显著的过程。

(四) 对策

本节基于"流动人口的婚姻家庭问题研究"课题组收集的数据,对已婚流动女性的性生活水平进行了描述性分析和多元回归模型估计。分析结果表明,已婚流动女性性生活水平的影响因素主要取决于年龄、受教育程度、月收入、家庭经济支配权、与配偶居住情况以及打工当地朋友数。所以,建议可以从以下三个方面去关心和改善已婚流动女性的性生活质量。

第一,加快推进流动女性自身文化水平的提高,注重普及科学的性知识。国家及各级政府应设立专项资金,为流动女性提供更多继续教育的机会和资源,特别是要注重普及科学的性知识,让性恢复其本来的、自然的生命存在,使当事人真正认识到性在促进身体健康、享受生命乐趣、体验异性关爱和增添婚姻凝聚力方面无可替代的独特作用。

第二,增加流动女性就业技能的培训机会,提高其就业竞争力和经济收入。政府应从文化和政策两方面消除社会对流动女性的歧视,使她们在城市里获得更多的就业与发展机会,从而拥有更多的婚姻资本;另外,还应继续加强成人流动女性的再就业培训,在经济上给予适当的帮扶,比如从政策上支持用工单位对流动女性进行培训实施社会化补偿。

第三,拓宽流动女性的社会交往,真正接纳其融入城市生活。从社区管理上,可以专门为女性流动人口组织一些与当地居民交流的文娱活动,丰富她们的业余生活,为流动女性拓宽社会交流网络创造机会,从而有利于促进其性观念和生活方式日趋现代化。

三、流动人口对婚外性行为容忍度的性别差异

非常态化的流动人口婚姻家庭在中国人口流动迁移的背景下不断涌现。流动人口大多处于性活跃年龄,其区域流动性增强、工作变动比较频繁、私生活的束缚减少,思想观念也一直在不断变化当中,这些都极易使其婚姻结构出现失衡状态。因此,在我国,流动人口的婚外性问题备受政府与社会各界的关注。流动人口在婚外性行为方面的心理和行为等问题已经引起学术界的注意,并成为新媒体中被广泛热议的话题之一。

(一)理论回顾

婚外关系问题是社会学家长期以来研究的关注点之一。从研究的问题来看,已有的相关研究包括两个部分。一部分聚焦于婚外关系行为,如婚外情等;另一部分关注的则是婚外关系认知,如婚外性容忍度等。与前者相对丰富的研究文献相比,后者似乎一直受到有意无意的忽视。综观国内外有关个体婚外性容忍度的以往文献,大致可分为以下三类。

第一类致力于描述和比较婚外性容忍度的现状。卢淑华通过问卷调查发现,人们对婚外性行为现象的总体评价是否定的,大多数人对该行为表示不认同,对婚外性行为不能接受的百分数占到八成左右。徐莉、刘爽关于婚外性宽容度的调查结果和前者一致,分析指出,大部分青年男女对婚姻越轨行为保持比较严格的态度,这说明公众还是更加看重婚后对配偶的忠贞以及传统婚姻和性行为的一致性。然而,也有不少研究提出,随着现

代化进程的加快，人们对婚外性行为的容忍度有所提高。如罗渝川、张进辅的研究指出，有35%左右的人倾向于对婚外性行为现象进行具体问题具体分析，而不再做出简单的评判，甚至部分青年还倾向于将婚外性行为合理化并表示同情。与此同时，一些研究认为，不同性别、不同地域等民众的婚外性行为容忍度也不尽相同。如袁小平、赵茹春通过访谈发现，女性的独立性和自我意识增强，不再将婚姻视为人生成败的唯一指标，对婚外性行为的容忍度也有一定提升，但仍相对保守。杨建珍、罗敏对广东的统计调查显示，广东省城乡居民对婚外性行为问题持更为宽容的态度，高达80%的调查者主张努力挽救婚姻，而非离婚。

第二类致力于考察某变量与婚外性容忍度之间的具体关联。靳小怡、任峰、悦中山对社会网络与农民工对婚外性态度的影响力进行了实证检验，数据显示，网络规模和网络成员的观念是影响农民工婚外性态度的显著因素，农民工的社会融合程度越高，婚外性态度就越开放。在婚姻幸福感与婚外性宽容度的关系研究中，有一项调查显示，婚姻不幸福的男女能接受婚外性行为的比例接近半数，而婚姻幸福的男女仅13%能接受婚外性行为。换言之，即婚姻幸福感越高，婚外性态度越保守。但也有学者认为，婚内生活的充分满足会使人在态度上也更加开放。另一项研究则通过数据进一步发现，婚姻质量与婚外性态度的关系还存在着性别差异：男性的婚外性态度与婚内性生活质量存在正向关系，与婚内感情生活质量不相关；而女性的婚外性态度却与婚内感情生活质量存在负向关系，与婚内性生活质量不相关。

第三类则致力于构建一个预测婚外性容忍度的多变量模型。例如，桑德斯（Saunders）和爱德华兹（Edwards）建构了一个从个人、家庭到社会的个体婚外性行为容忍度的解释性模型。而对于农民工，吴银涛、肖和平建构了涵盖个人行为、家庭因素、人际关系三维的婚外性容忍度的一个预测模型，问卷调查显示，孩子的数量、婚前恋爱次数、夫妻家庭角色、婚前性行为等是影响青年农民工婚外性行为容忍度的主要因素。

众所周知，阶层与性别是两个非常重要的社会学分析范畴。但是，在婚外性容忍度研究领域中，综观国内外现有相关文献可以发现，同时聚焦流动人口和性别差异的国内社会学实证研究还比较有限，即缺乏专门针对流动男性与流动女性这两个重要人群的婚外性行为容忍度及其差异的研究。从整体上说,以往文献虽注意到男女两性的婚外性态度存在差异,但大多仅将性别作为众多变量中的其中一个影响因素,将性别差异笼统地归咎于传统文化的作用,没有深入分析和解释流动男女在婚外性容忍度的影响因素上存在哪些差异。并且,以往研究的缺陷还在于,经验分析一般依靠小范围的区域性数据而非全国数据。因此,本节基于2013年全国综合社会调查数据,针对两性流动人口的婚外性行为容忍度的影响因素及其性别差异,进行实证分析和解释。

(二) 解释框架

1. 数据说明

本节的数据来自2013年全国综合社会调查,该调查采用标准多阶层概率抽样方法在全国范围内抽取调查对象,共获得有效样本数11438个,样本具有较强的全国代表性。经过缺失值的处理和整体筛选之后,得到一个流动人口样本,其中,流动男性样本618个、流动女性样本593个。从表2-3可以看出,流动女性与对照组流动男性这两个人群的总体特征较为相似。

表2-3 分性别的描述性统计量

变量类型	流动男性（N=618）		流动女性（N=593）	
	均值	标准差	均值	标准差
年龄（岁）	37.52	8.43	35.89	9.21
受教育年限（年）	9.98	3.75	9.05	3.47
政治面貌（党员=1）	0.12	0.13	0.11	0.15
个人年总收入（万元）	3.71	1.39	3.36	1.28
婚姻状况（未婚=1）	0.17	0.15	0.24	0.19
子女数（个）	1.62	0.57	1.23	0.62
生活幸福感	3.56	0.42	3.63	0.44
流出地（城市=1）	0.25	0.16	0.26	0.14

续表 2-3

变量类型	流动男性（N=618）		流动女性（N=593）	
	均值	标准差	均值	标准差
流动时长（年）	4.03	1.68	3.87	1.73
配偶是否同吃住（是=1）	0.19	0.14	0.20	0.12
普遍信任程度	2.51	1.30	2.39	1.36
亲友联系密切程度	3.04	1.23	3.22	1.57
工会参与程度	1.47	0.75	1.55	0.84

2. 因变量和自变量

研究所采用的因变量是被调查者对婚外性行为的态度和看法。问卷中的问题是"您认为婚外性行为对不对？"。问题的回答分为："总是不对的""大多数情况下是不对的""说不上对与不对""有时是对的""完全是对的"五个选项。数值越大，表明样本对婚外性行为的容忍度越高。

研究的自变量包括个人因素、家庭特征、流动经历、社会资本四大类共 13 个指标（见图 2-4）。其中，年龄、受教育年限、个人年收入、子女数、流动时长为定距变量，生活幸福感、普遍信任程度、亲友联系密切程度、工会参与程度为定序变量，政治面貌（党员=1，非党员=0）、婚姻状况（未婚=1，其他=0）、流出地（城镇=1，农村=0）、配偶是否同吃住（是=1，否=0）被处理为虚拟变量。

3. 研究方法与模型

首先，本节整体性分析了流动男女对婚外性行为的态度；其次，由于因变量是定序变量，所以借助建立嵌套模型（ordered logit model），具体分析了各变量对流动男女婚外性行为容忍度的显著性影响。通过模型比较，检验不同因素对流动男性和女性的婚外性行为容忍度的差异效应。建立模型如下：

$$Y = a + b \times Age + b \times Education + b \times Politics + b \times Income + b \times Marriage + b \times Children + b \times Happiness + b \times Region + b \times Time + b \times Spouse + b \times Trust + b \times Relation + b \times Union + E$$

以上基准模型中，Y是流动男女的婚外性行为容忍度，a为截距，b是年龄、受教育年限、政治面貌、个人年收入、婚姻状况、子女数、生活幸福感、流出地、流动时长、配偶是否同吃住、普遍信任程度、亲友联系密切程度、工会参与程度的回归系数，E是误差项。

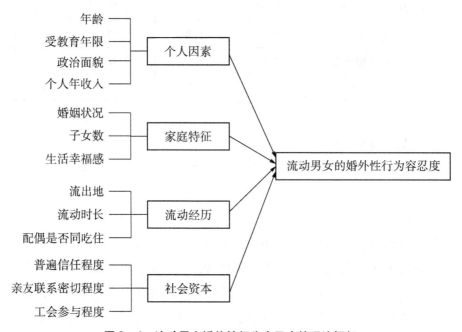

图2-4 流动男女婚外性行为容忍度的理论框架

（三）对比研究

1. 描述统计对比分析

表2-4呈现了流动男女和非流动人口对婚外性行为的态度分析。调查显示，在流动人口内部，近一半的人对婚外性行为持相对中庸的态度，选择婚外性行为"说不上对与不对"的人数百分比达48.7%。另外，值得注意的是，流动人口群体对婚外性行为的正向评价高于负向评价，认为婚外性行为是"对的"人数比例高于"不对的"人数比例。具体而言，表示婚外性行为"有时是对的"和"完全是对的"的流动人口共占32.0%，而

仅有19.3%的流动人口认为婚外性行为"总是不对的"和"大多数情况下是不对的"。

表2-4 流动男女和非流动人口关于婚外性行为的态度

选项	非流动人口	流动人口	流动男性	流动女性
总是不对的	7.3%	1.9%	2.2%	1.6%
大多数情况下是不对的	43.0%	17.4%	21.3%	13.5%
说不上对与不对	38.1%	48.7%	48.1%	49.3%
有时是对的	11.4%	28.4%	23.7%	33.1%
完全是对的	0.2%	3.6%	2.8%	4.4%

从流动人口与非流动人口的对比来看，流动人口对待婚外性行为的态度比非流动人口更开放。虽然，总体来看，流动人口在对待婚外性行为的态度上，持中立态度的占较大比重，但与非流动人口相比，流动男女的婚外性容忍度明显较高。非流动人口认为婚外性行为"总是不对的"和"大多数情况下是不对的"百分比之和高达50.3%，而流动人口在这两个选项上的百分比之和只有19.3%；非流动人口选择婚外性行为"有时是对的"和"完全是对的"的比例相对而言较低，比流动人口的相应选择比例少20个百分点左右。这在一定程度上体现出非流动人口对婚外性行为的态度更保守，而流动人口对婚外性行为的容忍度更高。这可能是由于流动人口离开户籍地后，在流入地和流出地的文化、行为、价值观等的双重影响和冲击下，其传统的性行为观念已随着各种现实情况的相互碰撞而逐渐发生变化和松动。

从性别变量上的比较来看，流动女性比流动男性对待婚外性行为的态度更加开放。流动女性中，认为婚外性行为"总是不对的"的百分比是1.6%，认为"大多数情况下是不对的"的有13.5%，选择"说不上对与不对"的达49.3%，有33.1%认为"有时是对的"，表示"完全是对的"的占4.4%。可以发现，流动女性选择婚外性行为"总是不对的"和"大多数情况下是不对的"的总比例为15.1%，比流动男性的相应选择低了8.4个百分点；同时，流动女性认为婚外性行为"有时是对的"和"完全是对的"的百分比共为37.5%，而男性流动人口选择这两个选项的比例之和仅为26.5%。这表明流动女性对婚外性行为的容忍度更高，而流动男性对婚外性行为现象则更多持反对态度，在一定程度上折射出了流动女性群体对婚外性行为看法的相对开放性。

2. 影响因素模型对比分析

表2-5是关于流动男女对婚外性行为容忍度的模型估计结果，其中，第一列是整个流动人口样本的估计结果，第二和第三列是分性别的估计结果。

表2-5 流动男女婚外性行为容忍度的模型估计结果

指标项目	流动人口（模型Ⅰ）	流动男性（模型Ⅱ）	流动女性（模型Ⅲ）
个人因素：			
性别（男=1）	-0.309***	—	—
年龄	-0.261***	-0.250***	-0.264***
受教育年限	0.169**	0.081	0.312***
政治面貌（党员=1）	-0.243**	-0.228**	-0.213**
个人年收入	0.252**	0.239**	0.205**
家庭特征：			
婚姻状况（未婚=1）	0.374***	0.359***	0.368***
子女数	0.108**	0.021	0.352***
生活幸福感	0.014	0.051	0.031
流动经历：			
流出地（城市=1）	0.284***	0.262***	0.287***
流动时长	0.175**	0.171**	0.164**
配偶是否同吃住（是=1）	-0.317***	-0.314***	-0.325***
社会资本：			
普遍信任程度	0.012	0.058	0.035
亲友联系密切程度	-0.097*	-0.076*	-0.069*

续表 2-5

指标项目	流动人口 （模型Ⅰ）	流动男性 （模型Ⅱ）	流动女性 （模型Ⅲ）
工会参与程度	0.083*	0.092*	0.093*
常数项	0.175	0.107	0.330
样本量	1211	618	593
adjR2	0.312	0.309	0.327

注：*** 表示 $P \leq 0.001$，** 表示 $P \leq 0.01$，* 表示 $P \leq 0.1$。

从表 2-5 的模型Ⅰ中可以看出，性别对于流动人口的婚外性态度有着显著的影响。在控制了其他变量之后，性别的回归系数为 -0.309，并且在 0.001 的水平上显著，这表明流动男性对婚外性行为更反对，流动女性比流动男性对婚外性行为的容忍度高 36.2%（$e^{0.309} - 1$）。

从分性别的估计结果看，大部分指标对婚外性行为容忍度的影响都不存在特别显著的性别差异。一方面，个人年收入、婚姻状况、流出地、流动时长以及工会参与程度回归系数都显著为正，表明了在控制其他变量的情况下，这些变量对流动男女婚外性行为的态度均有显著的正向影响。其中，个人年收入对流动男女婚外性行为容忍度都有明显的促进作用，收入越高，容忍度就越高。比较不同婚姻状况的流动男女对于婚外性行为现象的评价，发现未婚居民更倾向于认同婚外性行为现象，但非未婚居民对这种现象的认同率较低，这说明婚姻对婚外性行为观还是有一定的抑制约束作用。来自城镇的流动男女比来自农村的流动男女对婚外性行为更倾向于选择容忍。流动时长作为体现流动经历的敏感指标，对男女流动人口的婚外性行为容忍度也均产生了非常显著的影响，流动时间越长，其婚外性行为态度越开放。工会参与经历亦增强了流动男女对越轨行为的包容，有利于提高流动男女对婚外性行为的容忍度。从个体层面来说，收入高的流动人口拥有更多的资本，未婚者流动时间越长，工会参与程度越高，其婚外性行为观念越开放。从宏观方面来讲，经济发达地区在开放程度上层次更高，城镇相对于农村，接触各种自由、开放的新观念、新信息的渠道更多，这些都有可能导致拥有不同资源的流动男女在婚外性行为容忍度问题上有一定程度上的差别。另一方面，年龄、政治面貌、配偶是否同吃住、亲友联系密切程度与流动男女的婚外性行为容忍度均呈显著的负向关系。分析发现，年龄横向比较的研究结果较为一致，年龄越大的流动男女对婚外性行为的容忍度均越低，这一结果并不出乎我们的意料，现代文明的发展让人们的思想变得更加开放的同时，似乎也使人们对传统性观念的遵守变得不再像以前那样坚定。党员比非党员有较低的性自由观念，更不能容忍婚外性行为的发生。有配偶随迁的流动男女，婚外性行为容忍度也相对较低。只身进城的流动人口，性需求一般难以得到满足，容易导致性压抑问题；而有配偶随迁的流动人口，有了家庭的依托，相对更不能包容婚外性越轨行为。另外，亲友联系密切程度与婚外性行为容忍度的回归系数显示，亲友联系密切程度越高，流动男女对婚外性行为的容忍度便越低，这表明了亲友接触在流动男女的婚外性态度中都发挥着重要的抑制作用。

然而，比较模型Ⅱ和模型Ⅲ发现，受教育年限和子女数对流动男女的婚外性行为容忍度，产生了显著度截然不同的影响。

首先，受教育年限对于流动男女婚外性行为观念的影响存在显著的性别差异。模型Ⅱ表明，在控制了其他变量的情况下，教育对于男性流动人口的婚外性行为容忍度的影响不显著。但是，模型Ⅲ显示，受教育年限对女性流动人口婚外性行为容忍度的影响显著为正（$P \leqslant 0.001$），受教育年限对流动女性的婚外性行为容忍度的效应系数为 0.312，表明控制了其他变量之后，流动女性的受教育年限越长，其婚外性行为容忍度越高，女性的受教育年限每增加 1 年，其婚外性行为容忍度就上升 0.312 个单位。在当代教育的普及下，流动女性的受教育程度在不断提高，而传统父权制社会中对待女性的性限制教育与现代社会性别教育大相径庭，这促使部分流动女性开始大胆追求婚姻与性的自由。对比流动女性，流动男性在自古以来的社会性规范中，一直处于相对优越的位置，因此，教育对流动女性的性观念转变，可能会有比对流动男性的性观念变化有更大的作用。

其次，子女数量也对男女流动人口的婚外性行为容忍度产生不同显著度的影响。子女数和流动女性对婚外性行为的容忍度之间呈现高度的正向相关性（$P \leqslant 0.001$），女性流动人口每增加 1 个子女，其婚外性行为容忍度将显著提高 0.352 个单位。这说明，子女的存在是提升流动女性婚外性行为容忍度的一个重要因素,无子女的流动女性对婚外性行为相对越不能容忍;而子女数越多的流动女性,对婚外性行为现象更加宽容。然而,模型Ⅱ中,流动男性却并没有发现此特点,子女数对其婚外性态度的影响并不显著。子女通常需要母亲花费更多的时间和精力,因为女性流动人口较男性流动人口而言,需要承担怀孕、哺乳等男性不能替代的职责。另外,受到传统两性家庭角色分工的影响,流动女性通常需要负担更多的如照料子女等无酬家务劳动,这些无酬劳动往往迫使她们需要在家庭和职业之间进行艰难平衡。因此,有子女的流动妇女对家庭的付出成本更高,所以,对婚外性行为现象更愿意倾向于宽容。另外,母亲与孩子之间有更加天然的亲和性,所以,流动女性如果育有子女,出于对子女成长的担忧和责任,对待婚外性行为时一般更多的是保有宽容态度。

(四) 讨论

本节使用全国综合调查数据,采用嵌套模型,比较了流动男女的婚外性行为容忍度的影响因素及其性别差异。描述分析和整体样本的估计结果显示,流动人口对待婚外性行为的态度比非流动人口更开放,其中,流动女性的婚外性行为容忍度要高于流动男性,整体表现为流动男性比流动女性更为保守与传统,流动女性比流动男性更为现代与开放一些。

通过对比两性流动人口对婚外性行为容忍度的影响因素发现,大部分指标对流动男女婚外性态度的影响效果没有显著的性别差异。其中,个人年收入、婚姻状况、流出地、流动时长以及工会参与程度等因素对流动男女婚外性行为的容忍度有促进作用。收入越高、流动时间越长、工会参与程度越高的流动男女,婚外性行为容忍度也越高;未婚比已婚的、来自城镇比来自农村的流动男女,对婚外性行为的容忍度更高。而年龄、政治面貌、配偶是否同吃住、亲友联系密切程度等变量对流动男女的婚外性行为容忍度则有抑制作用。年龄越大、亲友联系密切程度越高的流动男女,婚外性行为容忍度越低;党员比非党员、与配偶同吃住比不与配偶同吃住的流动男女,对婚外性行为的容忍度更低。

然而,分性别的回归结果进一步揭示,在控制其他条件的情况下,受教育年限和子女数对流动男女的婚外性行为容忍度的影响,在性别上差异显著,显著度截然不同。受教育年限和子女数对流动女性的婚外性行为容忍度的影响在 0.001 的水平上高度相关,但二者对流动男性的婚外性行为容忍度的影响则并不显著。也就是说,受教育年限和子女数对流动女性婚外性行为容忍度的影响大于男性,受教育年限更长、子女数更多的流动女性的婚外性行为容忍度更高。究其原因,一方面,随着流动女性在文化教育等方面享有更加平等的权利,她们的道德观,尤其是婚姻观和性行为观都发生了巨大转变。在性自由观和客观地理迁移的影响下,流动妇女受婚姻和传统的束缚越来越少,使得部分流动女性更加注重追求生活的浪漫和性情的满足,在对待婚外性行为的态度上也越来越趋于宽容,性开放从浅层逐渐走向深层。另一方面,相对于流动男性而言,子女与母亲间有着更加天然的亲和性;同时,养育、生育会给流动女性带来更多的人力成本、经济成本和职业机会成本等。生育以及后续的子女照料一般会占用和消耗流动女性的大量精力,而且,这一作用会随着子女的数量递增。因此,鉴于子女成长和自身投入的考虑,流动女性对婚外性行为现象更愿意持相对宽容的态度。

随着中国社会经济的发展,关于婚姻、家庭和性的社会制度和规范也发生了巨大变化,社会对婚外性行为的容忍度越来越高,由于原先此类规范对妇女的性束缚较大,所以,在人口迁移的背景下,这些变化对流动女性的影响显得尤为强大。从此次研究的结果来看,流动女性群体对婚外性行为的态度更为宽容也更为开放。和平而自由的年代,两性关系不断走向开放,婚外性行为现象不断增加并呈现扩大化的趋势。在性传统者眼里,只有婚内性行为才是道德的,一切婚外性行为都是不对的。然而当前,人们不再将婚外性行为简单地评判为一种罪恶,而是更多地将其归结为夫妻冲突、性生活不和谐等多元化的因素。流动人口中存在的婚外性行为现象,一定程度上也是由于配偶和家庭缺失、婚姻质量不高等多种主客观原因造成的。但无论如何,出轨都会给配偶带来一定程度的伤害,再宽宏大量的人都会留下不愉快的心理阴影,所以,现实生活中应该尽量避免婚外性行为对家庭造成冲击。

第三章 性别与生育

一、农村女性的性别角色意识

性别意识影响着整个社会对女性角色的认知和期待，只有从精神上彻底摆脱依附性，呼唤女性主体意识的觉醒，男女平等才有可能真正实现。因此，进一步深化女性性别意识研究，特别是如实了解我国女性中相对弱势的广大群体——农村女性的性别角色意识的现状及影响因素，是促进女性自身发展的必要，更是推动两性和谐与城乡和谐发展的必要。本节依据2006年全国综合调查的数据资料，具体描述了我国女性性别角色意识在不同地域的分布，以及农村女性与农村男性性别角色意识的对比关系，并在综述前人研究成果的基础上，建构一个包括多层面影响因素的中国农村女性性别角色意识的理论解释框架，然后结合回归估计结果，提出进一步改善和提高我国农村女性性别角色意识的对策。

（一）文献述评

近年来，国内外有关专家和学者分别从理论和实践层面上进行了众多有关性别意识的调查和学术研究。前人有关性别意识的研究主要集中在对性别意识这一概念的科学界定以及影响妇女性别意识水平的因素分析上。在概念界定方面，西方学者又将性别意识称为 sex-role attitudes、gender roles attitudes、gender inequality 等。国内的研究大多使用了"性别意识"一词，但是，不同的学者有着不同的概念表述。学者李慧英认为，性别意识就是从性别的视角观察社会政治、经济、文化和环境，对其进行性别分析和性别规划，可以防止和克服不利于两性发展的模式和举措。李国华定义的性别意识是指人类对男女两性在社会中的关系、地位、价值、权利、责任、使命的一种认识和评价，其核心是两性关系，即从两性关系的角度去观察社会和了解社会，去寻找男女两性的位置和价值。石红梅、叶文振等人则进一步指出，现代的性别意识应该是指在尊重男女生物性差别的基础上，真正实现男女在社会性层面上的平等。概念表述的不一致似乎并不影响学者对性别意识内涵相对比较趋同的理解，都强调性别角色意识是人们对现实生活中男女两性所承担的权利和责任的一种认识。

性别意识的影响因素方面，随着后现代女权主义运动的兴起，人们越来越意识到性别意识的影响因素主要来源于社会，而并非根源于自然的生理特征。学者陶春芳认为，女性的性别意识受年龄、职业、城乡结构、文化程度等因素影响。战捷论述了教育-职业-收入机制对性别意识差异的作用。许改玲则认为，跨市迁移、文化素质、科技能力、依附性是男女性别角色意识差异产生的原因。左志香对武汉市女高中生的性别意识进行关注，发现父母权力分配对其性别角色意识的突出影响作用。至于性别意识这些影响因素的综合体系方面，有按各因素的内容归类为政治观点、种族地域、经济条件、家庭环境、社会经历的，也有把影响因素分为家庭结构特征、教育从业经历和其他个人信息等。

总体上看，对女性性别意识影响因素的分析大多停留在定性的描述和归类上，较少进行更深入的多元统计分析，只有少数研究以具体经验为例在定量分析的层次上探讨女性性别意识及其影响因素。但在此类分析中，调查样本大多只局限于某个省份或城市，缺少对近年的全国性样本的分析，另外，这些研究极少对处于更为弱势地位的广大农村女性的性别意识影响因素进行关注。所以，本节利用2006年全国综合调查的数据，描述和分析了当前中国农村女性性别角色意识及其影响因素，并在综述前人研究的基础上，结合具体的调查资料，提出解释农村女性性别意识的理论模型（见图3-1），并根据以往的研究经验，提出以下研究假设。

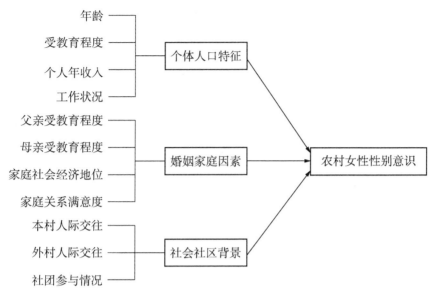

图 3-1 农村女性性别意识的理论解释框架

（1）从个体人口特征来看，年龄越大、受教育程度越高、个人年收入越多的农村女性性别意识越现代化；目前，有工作的农村女性比没工作的农村女性具有更高的性别意识得分。

（2）从婚姻家庭层面来看，父母亲良好的教育背景，家庭的社会经济地位以及家庭关系的满意程度有利于提高农村女性的性别意识。

（3）从社会社区背景来看，与本村人和外村人的人际交往越频繁的农村女性，她们的性别意识也越高；参与社团有利于淡化农村女性的传统性别意识。

（二）数据来源与研究方法

本节所用的数据来自 2006 年全国综合社会调查。该调查采用标准 PPS（概率比例规模）抽样方法在全国大部分范围（不包括青海、西藏）抽取样本，分为城市卷、农村卷和家庭卷。其中城镇样本 6013 个、农村样本 4138 个，有 3208 个样本继续回答家庭问卷。研究挑选继续回答家庭问卷中的农村女性作为分析对象，总共有 517 个样本，为了进行性别比较，也对农村男性进行相应的检验分析，其样本规模为495个。

在本项调查中，通过以下四个方面来测量农村女性的性别意识水平：①认为妻子帮助丈夫的事业比追求自己的事业更重要；②认为丈夫的责任就是赚钱，妻子的责任就是照顾家庭；③认为以目前男人所分担的家事责任而言，他们应该比现在做更多家事；④认为在经济不景气时，应该先解雇女性员工。在度量的时候，通过被调查对象对这几个问题的同意程度来反映其性别意识的强弱，答案按照李克特量表的格式设计，分为"非常同意""相当同意""有些同意""无所谓同不同意""有些不同意""相当不同意""非常不同意"七个等级。是负向问题时，七个选项分别记1～7分；是正向问题时，七个选项分别记7～1分。由于这四个项目具有较强的内在相关性，并且使用统一的测量逻辑，因此，为了进行回归分析，先对性别意识的四个项目进行因子分析，共抽取一个性别角色公共因子，其方差贡献率达到48.384%。

对所选择的解释变量，分别做以下处理和测量。

1. 个体人口特征

这组变量有4个，包括被访者的年龄、受教育程度、个人年收入和工作状况。其中个人的受教育程度指个人目前最高的教育程度，将其处理为连续变量；工作状况指被访者目前从事过的以获取收入为目的的工作，将其处理为虚拟变量，目前有工作的为1，其他为0；其他的变量都根据问卷中的有关问题和答案进行分析。

2. 婚姻家庭因素

本节所选的该组变量包括父亲的受教育程度、母亲的受教育程度、家庭社会经济地位、家庭生活满意度。同样，首先将父母的受教育程度处理为连续变量；家庭社会经济地位和家庭关系满意度是主观测度，是指被访者本人觉得自身的家庭社会经济地位属于哪个层次以及对自身家庭关系是否满意。

3. 社会社区背景

社会社区背景有3个变量，具体有被访者本村人际交往、外村人际交往以及社团参与情况。本村人际交往和外村人际交往用被访者与本村人和外村人打交道的频繁程度来测量；社团参与情况指被访者是否参加社团或协会等,将其转化为虚拟变量,回答是的为1,否的为0。

在被解释变量都已处理完毕后,首先用描述分析法具体描述了我国农村女性与城市女性、农村男性性别角色意识的对比关系,在进行多重共线性检验后,我们采用多元回归分析法去估计所提出的农村女性性别意识的理论解释模型,并进一步说明了各解释变量对农村女性性别角色意识的影响程度和方向。

(三) 资料分析

1. 描述分析

图3-2是农村女性、城市女性和农村男性性别意识四个项目平均得分的分布情况。首先,从城乡女性性别角色意识得分的比较来看,城市女性性别意识四个项目的平均得分均略高于农村女性四个项目的得分。具体来讲,关于项目一"认为妻子帮助丈夫的事业比追求自己的事业更重要",城市女性的平均得分为3.44分,农村女性为3.19分;项目二"认为丈夫的责任就是赚钱,妻子的责任就是照顾家庭",城市女性的平均得分为3.58分,农村女性为3.32分;项目三"认为以目前男人所分担的家事责任而言,他们应该比现在做更多家事",城市女性的平均得分为3.62分,农村女性为3.60分;项目四"认为在经济不景气时,应该先解雇女性员工",城市女性的平均得分为4.89分,农村女性为4.64分。也就是说,以上结果表明,农村女性较城市女性的性别意识观念更为保守和传统些,这主要是由于城市为女性生存和发展提供了更好的外部环境和更多的参与机会,传统文化对居住在城市的女性影响相对较弱,所以其性别意识强于乡村女性,该结论与以往的观念相一致。

其次,从农村男女两性性别角色意识得分的比较来看,农村女性所显示出的性别意识现代化程度要比农村男性略高一些。具体说来,农村女性关于项目一"认为妻子帮助丈夫的事业比追求自己的事业更重要"的平均得分为3.19分,而农村男性为3.08分;项目二"认为丈夫的责任就是赚钱,妻子的责任就是照顾家庭",农村女性的平均得分为3.32分,农村男性的平均得分为3.26分;农村女性项目三"认为以目前男人所分担的家事责任而言，他们应该比现在做更多家事"的平均得分为 3.60 分，农村男性只有 3.47 分；至于项目四"认为在经济不景气时，应该先解雇女性员工"，农村女性的平均得分为 4.64 分，农村男性只有 4.38 分。这个结果与农村长期存在的男权地域文化不无关系。

所以，从总体上看，图 3-2 所呈现出的数据表明，农村女性的性别意识得分高于农村男性但低于城市女性。但是也不难发现，三者之间的差距并不是特别明显，三方的性别意识平均得分差距均在 0.6 分以内，这从一定的角度说明，近年来中国政府在倡导男女平等上取得了一定的成就。但是同时，调查结果也显示，在性别意识各项 7 分的总分中，有的项目平均得分还不足一半，这提醒我们：在我国，特别是我国农村，传统的性别观念仍然根深蒂固。

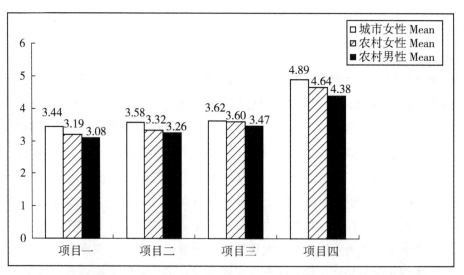

图 3-2 农村女性、城市女性和农村男性性别意识四个项目平均得分的分布情况

2. 多元回归分析

表 3-1 是农村女性和农村男性性别角色意识的多元回归分析结果。比较两个模型的调整后决定系数，即表 3-1 中的 $adjR^2$ 值，可以看出，农村男性模型的解释力比较弱，$adjR^2$ 值只有 4.9%，不到农村女性模型解释力的 1/5，这说明了影响农村男性性别意识的因素可能与农村女性的不尽相同。另外，研究发现用多项复合测度自变量的模型所解释的农村女性性别

角色意识的方差为27%，这一定程度上验证了本节所提出的中国农村女性性别意识解释框架的合理性。下面将阐释一下拟合度较好的农村女性模型中的各个自变量对农村女性性别意识的具体影响。

表3-1 农村性别意识的多元回归分析

指标项目	农村性别角色意识	
	女性	男性
个体人口特征：		
年龄	0.001 (0.011)	-0.001 (-0.008)
受教育程度	0.233 (0.250)**	0.021 (0.032)!
个人年收入	3.562E-08 (0.103)	-4.42E-08 (-0.071)
工作状况	0.530 (0.060)***	0.259 (0.084)
婚姻家庭因素：		
父亲的受教育程度	0.039 (0.035)	-0.006 (-0.031)
母亲的受教育程度	0.385 (0.180)***	0.014 (0.114)*
家庭社会经济地位	-0.003 (-0.002)	0.011 (0.010)
家庭关系满意度	-0.035 (-0.018)	0.274 (0.139)*
社会社区背景：		
本村人际交往	-0.032 (-0.009)*	0.141 (0.056)
外村人际交往	0.601 (0.408)***	0.115 (0.086)**
社团参与情况	0.547 (0.061)**	-0.038 (-0.003)
adjR^2	0.270	0.049
F	3.581	1.170
N	459	412

说明：! 表示 $P \leq 0.1$，* 表示 $P \leq 0.05$，** 表示 $P \leq 0.01$，*** 表示 $P \leq 0.001$。

第一，个体人口特征变量中，农村女性的受教育程度与工作状况对其性别角色意识有正向的显著影响。首先，随着农村女性个人受教育程度的提高，其性别角色意识也更加现代化。个体受教育程度对性别意识影响的回归系数为0.233，在0.01水平上具有统计意义，这表明农村女性自身的受教育程度每往上移动一个台阶，如从小学提升到初中，那么她的性别角色意识得分就会在原来的水平上相应地提高 23.3%。这主要是因为教育能够促进角色定位的开明化，受教育者能了解更多促进平等和消除偏见的观念，从而提高主体对性别平等的要求和对现实不平等的感知能力。其次，在工作状况的影响方面，模型显示目前有工作的比目前没工作的农村女性的性别角色意识更为现代，该回归系数为 0.530，并在 0.001 水平上具有统计意义，也就是说，目前有工作的农村女性的性别意识得分比没有工作的高出 0.53 分。其可能的解释是劳动参与可能通过环境影响和利益驱动导致女性更现代的观念。一方面，工作增加了她们接触平等观点的机会；另一方面，工作时间的增加、职业层级上升的需求导致职业女性比全职太太更易从两性平等中获益，所以，职业女性更支持男女平等。

第二，在婚姻家庭因素中，母亲受教育程度越高的农村女性，其性别意识水平也越高。母亲受教育程度对农村女性性别意识的影响在 0.001 水平上具有统计显著性，其回归系数为 0.385。这个结论与预先的理论假设相符，可以通过外在环境决定论进行解释，外在环境决定论认为，受教育程度较高的母亲，其子女性别认知水平也较高。因为家庭是形成个人性格结构的主要场所，支配人一生的性别结构是在家庭的监督、左右下形成的，而母亲的文化水平和观念直接影响到子女的教养，不同的教养会使人接触到不同的性别角色和工作角色，这些角色为个体提供了模仿和学习的机会。通常说来，母亲文化程度较低的家庭比较传统，特别是重男轻女的家庭，对不同性别子女的教养方式有着明显的性别差异，相对比较保守；而母亲文化程度较高的家庭相对比较开放和民主，在这样的家庭中，父母在对不同性别子女的教养方式和发展期待上，没有太多性别区分，表现得更为现代化。

第三，在社会社区背景中，农村女性与外村人的人际交往和社团参与有利于提高其性别意识的现代化程度，但与本村人的人际交往越频繁，其性别意识反而越传统。首先，关于外村人际交往，农村女性性别意识的模型结果显示，随着被访农村女性外村人际交往频率的上升，其性别意识的得分也随之升高，该回归系数为 0.601，并在 0.001 水平上有统计显著性，这意味着被访农村女性外村人际交往频繁程度每上升一个等级，性别意识得分就提高 0.601 分。其次，有参与社团的农村女性的性别意识比没参与的女性更现代化,其回归系数为0.547,同样在0.001水平上有统计意义,也就是说,有参与社团的农村女性的性别意识比没参与的女性高0.547分。但是,与本村人的人际交往不利于促进农村女性的性别意识,其回归系数为-0.032,具有0.05水平上的负向显著度,这与原先的假设不尽一致。原因可能是与有参与社团和与外村人交往较频繁的农村女性相比,局限于与本村人交往的女性,交往对象相对单一,较少接触更为现代的性别观念,并且一定程度上经常在强化农村传统的性别观念,从而导致其性别意识观念的复归。于是可以得出:与外界的交往过程中,距离的增加,多元化的加强,有利于加速农村女性性别意识的现代化进程。

(四) 结论

本节根据2006年全国综合调查的抽样调查资料,对所提出的中国农村女性性别意识的多层面多因素解释模型进行回归检验,分析结果证实了本节所建模型具有较好的拟合度。从回归模型对变量的检验结果可以看出,农村女性性别角色意识的影响因素主要取决于自我的工作状况、母亲和自己的受教育程度、社团参与情况以及与本村人和外村人的人际交往,其中与本村人的人际交往频繁程度的影响是负向的。对此,研究试图指出当前进一步改善和提高我国农村女性性别角色意识的对策。首先,要提高农村女性的自身文化素质。农村女性自身和母亲的文化程度与其性别意识的密切关系告诉我们,教育投入是提升农村女性性别意识的一项不可或缺的举措。其次,要增加农村女性的就业机会。就业状况对农村女性性别意识的正面影响提醒我们,农村女性要走出家门,寻找工作,自立自强。最后,要提高农村女性社会交往的意识和能力。本村人际交往的抑制作用以及外村人际交往、社团参与对农村女性性别角色意识现代化进程的促进作用使我们认识到,农村女性的社会交往不能仅局限于本村,要拓宽农村女性的活动范围,提高农村女性的社会参与和社会交往。

二、城乡出生性别比的差异

对出生婴儿性别比问题的研究，既是现实的需要，也是未来社会发展的需要。近年来，出生性别比问题已引起了政府和学术界的广泛关注，发表了大量的相关学术论文，但遗憾的是，从迄今为止所形成的学术成果来看，这方面的研究至少还存在着以下三个明显的不足：一是较多地侧重于对全国宏观数据的总体趋势分析，较少区分出人口总体城乡出生性别比的差异；二是较多地侧重于分析出生性别比失衡的内外部原因，较少提出理论解释框架，分析决定城乡出生性别比差异的主要影响因素及其内在影响机制；三是较多地侧重于一般意义上的对策分析，较少针对缩小出生性别比的城乡差距提出具有可操作性的对策建议。出生性别比失衡已成为当前中国社会存在的一个重要问题。而出生性别比的异常偏离现象如果持续下去，必将带来一系列社会问题，进而损害人口系统在未来社会的良性运行，导致社会的总体失衡。因此，为了进一步丰富和发展出生性别比领域的研究成果，有必要继续深入关于出生性别比城乡差异方面的理论和实证研究。

本节将利用现有的各种统计资料，主要描述20世纪80年代到21世纪初中国城镇和农村出生性别比状况之间的差别，并在以往研究成果的基础上，从社会性别的角度构建一个关于中国出生性别比城乡差异的理论解释框架，最后利用理论分析的结果提出几个缩小城乡出生性别比差异的对策建议，为开展有针对性的城乡工作提供参考依据。

（一）城乡出生性别比的差异

图3-3给出了1982年、1990年、2000年三次人口普查和2005年1%人口抽样调查时期城镇和农村的出生性别比，概括了自1982年三次人口普查以来城乡出生性别比的变化。从图3-3的两条趋势线中可以得知，1982年人口普查时，我国城镇和农村的出生性别比均接近正常水平，还未出现

失衡的迹象，但20世纪80年代中期以后，城乡的出生性别比均呈上升的趋势，城镇和农村的出生性别比偏离了正常值水平，均高于国际公认的正常值103～107。第三次至第五次人口普查的数据显示，1990年时，城镇和农村的出生性别比分别由1982年的107.1、107.7上升为1990年的109.9、111.7；2000年时，升至115.4和118.1。2000—2005年间，城乡出生性别比持续偏高，二者都处于失衡的状态，至2005年1%人口抽样调查时，城镇出生性别比已升至117.1，农村出生性别比已高达122.8，此时，城镇和农村的出生性别比都已严重偏离了出生性别比的正常范围。

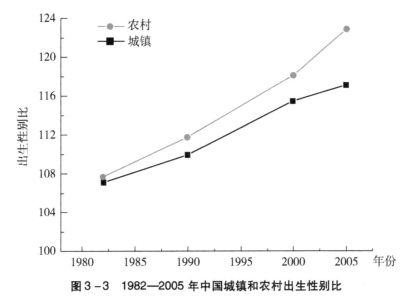

图3-3　1982—2005年中国城镇和农村出生性别比

资料来源：1982年、1990年、2000年人口普查，2005年1%人口抽样调查。

从城乡对比上看，图3-3表明，出生人口性别比存在显著的城乡差异，1982年至2005年间农村出生性别比始终高于城镇，并且二者间的差异随时间的推移趋于明显。分年份来看，1982年农村婴儿出生性别比略高于城镇，但此时二者相差不到1个百分点，还没有明显的差异；到1990年人口普查时，农村出生性别比的数值高出城镇近2个百分点；到2000年普查时，农村和城镇的出生性别比均高于115，二者相差近3个百分点；而到2005年时，二者间的差距已高于5个百分点。总体上来看，在1982—2005年的20多年中，从107.1上升到2005年的117.1，城镇的出生婴儿性别比增长了 10.0 个百分点；但农村的出生人口性别比从 107.7 上升为 2005 年的 122.8，却增长了 15.1 个百分点。可见，虽然 1982 年以后中国城镇和农村的出生婴儿性别比都呈上升的趋势，但是农村出生性别比相对于城镇而言，不仅绝对值高，涨幅也更大。因此，究竟是什么原因致使 20 世纪 80 年代中期以来城乡出生人口性别比的差距不断扩大，成了一个不可回避的问题。

（二）城乡出生性别比差异的动因

如前所述，目前大量的学术研究探讨了出生性别比失衡的原因，设计出大量的理论模型，但较少研究针对出生性别比城乡差异的产生原因提出理论解释框架，分析影响城乡出生性别比差异的内在机制。但是，有关出生性别比失衡原因的文献对我们研究城乡出生性别比差异产生的动因仍然有一定的借鉴意义。对出生性别比异常偏高成因方面的已有研究进行梳理之后我们发现，在社会宏观层面，中国的出生性别比受诸多因素的综合影响，归纳起来主要可分为以下四大类原因：一是经济因素，认为出生性别比的升高与经济因素密切相关；二是文化因素，认为传统家庭制度是出生性别比升高的内在动因；三是政策因素，认为生育政策的推行和出生性别比升高存在各种直接或间接的关系；四是技术和其他因素，认为胎儿性别鉴定、选择性别的人工终止妊娠技术以及女婴的瞒漏报、遗弃女婴等问题是导致出生性别比上升的直接原因。尽管学界对这几类因素和出生性别比的关系问题还没有达成共识，但有一点是基本没有争议的，绝大多数学者都认为强烈的男孩偏好是出生性别比失衡的根本原因，是埋藏在一切表面原因下的罪魁祸首。

在对我国出生性别比失衡的原因有一个清晰认识的基础上，笔者尝试提出一个针对中国出生性别比城乡差异成因的新的理论解释框架，如图 3-4 所示。本书认为，20 世纪 80 年代以来，中国城镇和农村地区在经济、文化、社会政策等方面的不同变化致使城镇男孩偏好观念的淡化速度远远快于农村，而城乡男孩偏好程度相对差距的增大正是 80 年代中期以后中国城乡出生性别比之间的差异趋于明显的深层动因。下面我们就经济差距、文化变迁以及政策差别三个方面分别进行城乡对比。

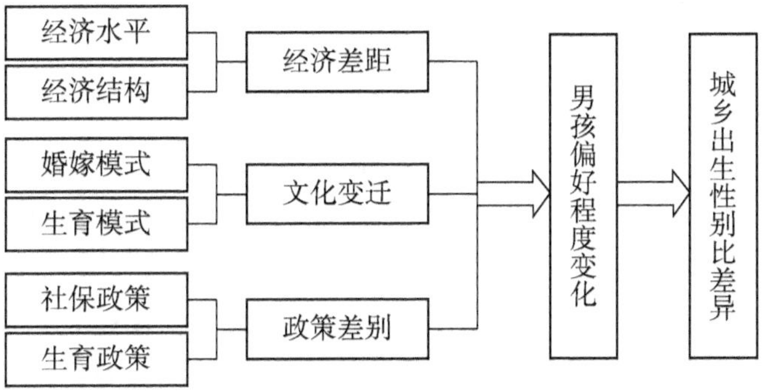

图 3-4 城乡出生性别比差异成因的理论框架

1. 城乡经济差距

改革开放以来，中国的社会生产力和综合国力有了空前的提高，城镇和农村的经济都发生了翻天覆地的变化，但是，随着国民经济的总体繁荣，城乡经济的发展越发不平衡。

（1）经济水平。经济发展水平往往通过收入来衡量。历年《中国统计年鉴》表明，从1990年以来，城镇和农村居民的人均年总收入逐年攀升，但是城镇的人均年总收入增速大于农村。1990—2008年间，城镇居民人均年总收入增长了近12倍，而农村居民人均年总收入只增长了不到7倍，可见，城乡居民收入差距不断扩大。有研究表明，在控制其他变量的影响下，收入越高，男孩偏好越弱，出生性别比也越低。从孩子经济方面的即期效用来讲，家庭生育决策的效用预期首先是能增加一个劳动力，帮助从事家庭生产活动，带来家庭经济收入的增长。在这种效用预期基础上，显然，不管是在农村还是城镇，男孩都具有一定的优势，一般能为家庭带来更多的经济效益。虽然，随着城乡人均收入的持续提高，城乡人口对孩子所带来的即期经济效用的依赖性都减弱了，但是，在城乡收入差距不断扩大的背景下，城镇人口对男孩所带来的即期经济效用的依赖性减弱速度，相对农村居民来说显得更快。家庭对男性劳动力的依附力减小，有利于家庭淡化对生男孩的追求。在这个意义上，农村家庭和城镇家庭的男孩偏好程度之间的相对差距反而变大了。

(2) 经济结构。随着市场经济的发展，城镇第三产业迅速崛起，为城镇女性就业和经济独立提供了良机，同时也促进了农村劳动力的大量转移。历年《中国劳动统计年鉴》的数据表明：1978年以后，我国城镇女性在各行各业以及高层次行业的就业比重呈上升趋势，城镇中男女性别在就业上的差异存在收敛的现象。首先，我国城镇职工女性比重由1980年的35.4%上升至2008年的37.6%；其次，传统的女性就业比重较高的餐饮业和社会服务业等行业近30年均呈下降趋势，而城镇女性在邮电通信业、金融保险业、教育业、文化艺术和广播电影电视业、国家机关和社会团体等较高层次的行业的就业比重呈明显上升趋势。这也就意味着更多的城镇女性在经济上独立，有利于较快弱化城镇人口对性别因素的考虑。但是，由于教育水平和劳动技能上的落后，农村女性的就业竞争力却受到挑战。随着经济转轨和产业结构的变化，虽然大量的农村劳动力开始从事非农劳动，但这些转移的劳动力主要从事的仍然是对体力要求较高的城镇人口不愿从事的工作，这很大程度上限制了农村女性劳动力的转移，也影响了农村女性在从事非农行业中的报酬。所以，农村男性和农村女性在流动能力、就业竞争力和劳动收益上都还存在很大的差距。李实对山西省10个样本村庄16~60岁劳动力的报酬率进行性别比较，发现农村妇女的各种非农业劳动报酬都远低于男性。两性在劳动就业方面的差异，是导致生男偏好的原因之一，从而进一步导致出生性别比失衡。总体上讲，农村中男女两性就业的劳动的相对竞争力与城镇就业男女的相对竞争力相比具有更大的差异，而这无疑导致了具有城乡男孩偏好色彩的生育性别选择行为间的差异随着时间的推进相对凸显。

2. 城乡文化变迁

文化依托于制度，在中国社会，要理解城乡生男偏好程度的不同变化，进而更加深刻地认识城乡出生人口性别比的差异，有必要从文化制度的角度进行分析。

(1) 婚姻模式。中国是一个具有2000多年封建社会历史的国家，长期以来形成了男子中心主义的性别观念。在父权制背景下，我国以嫁娶式婚姻为主导，要求妇从夫居，男性在家庭中具有传统的权威，在父权社会的家庭里，男性家长拥有妻儿的占有权和支配权，掌握如生育决策权等对家庭重要事务的决定权。同时,家庭的传统分工是男主外、女主内,妇女被限制参与家庭外的活动,所以,妇女在家庭领域的弱势地位又延伸到政治生活中,传统女性在国家和社会事务的管理中,尤其是在领导权和决策权的参与度、参与层次、参与比例、参与渠道上都与男性存在相当大的差距。正因如此,人们更倾向于生育男孩,希望自己的孩子能有更好的生存条件和更多的发展机会。近年来,我国妇女的婚姻家庭地位、社会政治地位等都有了很大的提高,但相较于农村,城镇女性具有更大的生育自主权、政治参与权等妇女权益。在农村,由于深受父权体制的影响,传统的伦理规范更严厉,女性家庭地位相对低下。也就是说,农村两性间的家庭地位和政治地位差距的缩小速度远远慢于城镇,从而进一步使农村男孩偏好的淡化速度大大落后于城镇,埋下城乡出生性别比差距拉大的传统根源。

(2)生育模式。生育模式往往是和婚姻模式相配套的。由于传统中国实行父系继承制,也就是说,只有男子拥有继承权,从而,若要使财产、身份、血缘、家族姓氏得以延续,就必须生男孩。因此,人们把"养儿"视作家庭乃至家族中的大事,认为只有由儿子送终送葬、祭扫祖坟才是体面的,传宗接代连带着人生的意义和生命的终极价值。所以,在传统中国社会,儿子就是门面,只养有女儿而未生儿子的人家被人蔑称为"绝户头",备受歧视,没有生儿子有时甚至被提高到人品的程度,甚至被认为是因果报应。传统的传宗接代、祭祀祖先、送终送葬等宗族观念仍然对现代社会产生着巨大影响,但是,这种观念对农村和城镇影响深度的相对差距无疑是越来越大了。人是社会人,每个人的行为都不可避免地受到其所处时代和地区人们所普遍认同的社会规范的制约和影响,生育行为当然也不例外。农村是"熟人社会",相对封闭的生活环境使得邻里之间彼此熟悉,家长里短是主要的交流话题,这导致生育文化传统和价值观念进一步转化成一种社会氛围,使个人的生育行为又受到特定社会环境和社会关系的推波助澜。在农村,传统生育文化仍然顽固地残存于相当一部分人的思想意识中,影响和支配着人们的生育行为,没有男孩的家庭,如前所述,会有沉重的社会压力,这样沉重的社会压力给人们的心理暗示是极强的,尽管相对于旧社会,这种压力变小了,但还是有很多人不愿意去承受或承受不了这样的心理负担。在这种熟人社会环境和社会氛围中,我们可以更深刻地理解目前我国农村育龄妇女的生育性别选择行为。城镇是"陌生人的世界",传统生育文化给人们的压力相对没那么大,这有利于城镇居民更快地挣脱男孩偏好生育文化的樊篱。在城市里,随着社会经济的发展,有些城市人口把生育男孩和生育女孩都当作传宗接代,即把有后代都看作传宗接代,而并非认为只有男孩才能维持家庭的延续。

3. 城乡政策差别

每一项重大社会政策的出台,几乎都会直接或间接地牵涉每一个家庭、每一个个体的切身利益。在体制约束下,人们一般会根据政策来调适自己的行为。因此,城乡居民的生育行为和出生人口性别比的城乡差异一定程度上反映的是政策作用效果的差异。

(1) 社会保障政策。良好的社会福利制度(如养老金)会弱化人们的男孩偏好。目前,中国城乡的社会保障实力存在巨大差异。在广大农村地区,还没有形成完备的老年社会服务网络体系,养老保障体制不健全,严重滞后于群众的需求。所以,目前农村养老依然主要由家庭承担,而男性的继嗣制度使儿子成为养老的实际承担者。在父母生病时支付医药费、当父母老得不能动时赡养父母,都被视为儿子应尽的义务;即使他并非自愿,社会的压力也会驱使他为父母提供养老、危机保障。虽然女儿给予父母的照料支持可能不低于媳妇,女儿比儿子贴心、孝顺,但是,女儿出嫁之后对家庭的支持会受到种种原因的限制,女孩的保障效用的可靠性相对较差。这种现实会使每个家庭在进行生育决策时都自然地想到孩子远期效用的性别差异,因此,在农村家庭养老上男性依旧占有明显的优势,男孩有着更确定的远期效用,农村生男孩偏好的淡化速度相对缓慢,从而不利于农村出生性别比的下降。在城镇地区,参加城镇基本养老保险的人数不断攀升。根据历年《中国统计年鉴》的数据资料可以发现,截至2005年年底,城镇基本养老保险的参保人数已达17488万人,比同期农村养老保险的参保人数多12066万人。随着城镇居民养老保险制度的逐步完善,人们解决了自己诸如养老等方面的后顾之忧,所以他们对子女性别的关注没有像农村居民那么强烈。换言之,社会保障制度的相对完善为城镇人口性别观念的转变奠定了坚实的基础,对抑制出生性别比的升高有着一定的正面影响。因而，城乡社会保障制度和水平间的悬殊，也就在一定程度上诱发了城乡男孩偏好差异的不断扩大，造成了当今农村出生性别比的增幅大于城镇地区的现状。

（2）生育政策。大量研究表明，计划生育政策造成了强烈的性别偏好与过于狭小的生育选择空间的相互冲突，从而影响了出生性别比的失衡。因此，计划生育政策是中国城镇和农村出生性别比在经济和文化不断现代化过程中不升反降的一个非常重要的原因。并且，根据2005年1%人口抽样调查数据可以发现，不同生育政策类型地区的出生性别比也不同，其中实行"一孩半"政策地区的出生性别比最大，如表3-2所示。

表3-2 2005年我国不同生育政策类型地区的出生性别比

政策类型	一孩政策	一孩半政策	二孩政策	三孩及以上政策
出生性别比	115.66	129.66	120.90	112.79

资料来源：根据2005年1%人口抽样调查原始数据计算。

"一孩半"政策，是指从1984年起采取的在大多数中国农村施行的，第一孩为男孩的不得再生，而第一孩为女孩的农户在间隔4到5年后允许生育第二孩的弹性计划生育政策。"一孩半"生育政策本来是从农村现实生产力水平出发，考虑到女性和男性在体力方面的差别，而给农村独女户家庭的照顾政策。毋庸置疑，从主观上来看，该政策并无任何歧视女性的意图。然而，在客观上，"一孩半"生育政策默认、姑息、纵容，甚至在一定程度上强化了儿子偏好。"一孩半"生育政策以第一胎的性别决定能否生育第二胎，一定程度上暗含着性别歧视成分，认为女儿不如儿子，"无儿独女户"是需要被照顾的弱势群体。因此，相当一部分农民群众对此产生了误解，认为这是国家对重男轻女思想观念的一种让步，误认为这个政策就是要让其生育男孩的。于是，"独女户"家庭会在他们可能已经被进一步激化的男孩偏好观念的驱使下，不惜代价借助于各种技术手段把握好这次机会来实现生育男孩的目的，客观上加剧了实行"一孩半"生育政策地区出生性别比的严重失调。至于城乡出生性别比的相对差距变化，笔者认为，城乡二元的生育政策类型起了一定的作用。所谓中国生育政策的城乡二元体制是指，在城镇地区，大多数实行一对夫妻只生育一个孩子；在农村，大多实行以"一孩半"生育政策为主体的多类型的生育政策。1988年后，全国大部分的省份都允许农村生了一个女儿的夫妻生育二胎，大约占中国总人口的53.6%。基于以上不同的生育政策背景，城乡出生性别比差距为何越来越大也就不难理解了。

（三）讨论

随着中国社会经济的高速发展，人们的生育观念发生了很大变化。但是，由于经济、文化以及政策上的差异，当前我国城乡居民的生育观的变迁呈内部失调性，农村地区性别偏好的变迁速度相对较慢，城乡间生育观念的变迁速度差不断扩大。同时，由于基层政权的弱化和性别选择技术的普及等外部原因，城乡性别偏好的变迁速度差距进一步显性化为城乡出生人口性别比之间的差异，从而凸显出农村妇女的双重弱势地位，不利于城镇和农村的和谐发展。因此，为了尽快缩小出生性别比方面的城乡差别，农村应该成为今后我国生育工作的重点，我们建议在今后的决策中注意加强以下几个方面。

第一，加快推进农村女性自身文化素质和就业技能的培训步伐，提高其就业竞争力和经济收入。单纯的说教改变不了农村传统的生育观念，唯有提高农村女性的就业竞争力，缩小农村男女在收入上的差距，才可能最终以让农民看得见的实惠来削弱农村男孩偏好产生的经济基础，从而抑制城乡出生性别比差距的不断扩大。其中，教育是一个重要的市场过滤器，继续加强农村女童教育、成人妇女再教育和再就业培训可以说是提升农村女性就业竞争力和经济收入的一项不可或缺的举措。首先，国家及各级政府应设立专项资金，并广泛动员社会参与，建立健全农村地区女性教育经费保障机制。其次，我们应针对农村各地区间的差异，增加办学时间上的灵活性，以满足农村季节性的劳动力需求，降低由于女孩求学给农村家庭带来的机会成本。最后，改变对女性掌握学科知识能力的传统定式，鼓励农村父母支持女儿学习传统的男性专业和技能，从而拓宽农村女性学成后的就业领域。

第二，提高农村妇女参政水平和农村信息化水平，破除农村封闭文化格局。首先，政府应在推进农村性别和谐的工作中发挥表率作用，在提高基层农村妇女政治参与、招聘录用、职务升迁的比例上加大力度，力争尽快提高农村妇女的政治地位，努力提高农村妇女的参政水平。妇女在参与社会各级决策中的各项指标本身就是衡量妇女社会地位的一个关键因素。此外，妇女在政治上的地位还会进一步延伸到家庭领域中，从而使妇女的婚姻家庭地位发生根本性的变化。其次，要努力提高农村信息化水平，特别要注意提高电脑和网络的普及率。目前农村地区的信息化程度发展较迟缓是造成农村地域文化相对封闭的重要原因之一。通过农村地区电脑及互联网的普及，可以让农村群众接触到更多更新的信息，扩大城市多元文化甚至国际上一些新兴生育文化对农村地区的辐射，破除农村社会的封闭格局，从而实现城乡间出生性别比差异的逐步消解。

第三，进一步建立适合我国农村的社会养老保障体系，并调整"一孩半"生育政策。首先，完善各种形式的社会化养老制度，使广大农民切身体验到社会化养老的好处，逐步消除农民对社会化养老所持的观望、怀疑、不信任态度，以增强社会化养老对广大农民的吸引力。比如，农村地区可用部分养老保险金为那些确实老无所依的老年人口提供社区养老服务，同时对以自我养老为性质的老年企业或公司以低息贷款或税收减免的办法加以扶持，鼓励老年保障事业由老年人来经营。其次，建议调整生育政策，使其仅仅限定生育数量。如前所述，从社会性别视角以及中国当前的社会现实来看，"一孩半"生育政策弊大于利，因此，改革势在必行。当前的二孩政策及未来的全面放开生育已经成为生育政策改革的一个方向，二孩政策有望在一定程度上缓解城乡出生性别比之间的失衡问题。

三、出生性别比失衡的防范机制

多年来，中国计划生育政策经历了一系列变迁：从20世纪80年代初只生一胎，21世纪初双独二孩、单独二孩，到现在的全面两孩。根据人口的动态变化不断调整人口政策，正是我国人口发展实践提出的客观要求。

经过从高生育率到低生育率的转变之后，我国人口的主要矛盾已经不再是增长过快，而是人口红利消失、临近超低生育率水平、人口老龄化等问题。要实现我国人口的生态平衡，不仅要考虑宏观人口发展的调节作用，更要关注微观层面生育政策对出生性别比的影响。

（一）出生性别比的一般情况

出生人口性别比是全国人口普查工作中的一项数据，指的是每出生百名女婴相对的出生男婴数。在1993年，出生性别比的问题就引起了中国政府的高度重视。联合国明确认定了出生性别比的通常值域为102～107之间，其他值域则被视为异常。由于经济结构、政治制度、社会文化习俗、技术的可及和可得等因素，中国的出生人口性别比自20世纪80年代中期以来持续攀升。1982年第三次人口普查时，出生性别比为107.6；1990年第四次人口普查时，出生性别比为111.3；2000年第五次人口普查时，出生性别比上升到116.9；到2010年第六次人口普查时，出生性别比更是达到118.1。出生性别比存在梯度差异，有的地方高些，有的地方低些，但无论城、镇、乡，性别比失衡现象普遍存在。

出生性别比一直是政府和人口学界关注的焦点。人口性别构成是人口的基本特征之一，反映了人口发展的历史过程。它既受人口再生产自然属性的影响，也受社会经济、环境、文化等社会因素的影响。人口性别比正常与否，不仅直接决定着人口再生产的速度，而且对社会经济的发展产生长远的影响。偏高的出生性别比将导致女性数量短缺、人口性别结构失衡，从而对人口规模、性别和年龄结构、人口老龄化、婚姻市场等产生重大影响，问题的严峻性引起了社会各界的广泛议论。

出生性别比偏高与生育政策在时空、群体等方面具有一致性，出生性别比从正常到失衡与现行的生育政策同步，因而很多学者从计划生育政策着手探讨其与出生性别比的内在联系。尽管目前，学术界关于两者之间的关系没有达成一致观点。但每一项重大社会政策的出台，几乎都会直接或间接地牵涉每一个家庭、每一个个体的切身利益。在体制约束下，人们一般会根据政策来调适自己的行为。

既有文献研究的是二孩政策放开之前的计划生育政策对出生性别比的影响，性别比失衡是否是计划生育政策的产物尚未得到肯定的答案。那么，国家放开全面两孩政策之后，该政策是否会对缓解我国出生性别比产生影响以及会产生怎样的影响，政府和学术界充满了期待。

（二）全面两孩政策对出生性别比的可能影响分析

"降低出生人口性别比"或"优化人口性别结构"是我国二孩政策实施的理由或目的之一。而且，此前一些学者也断言二孩政策将有利于降低出生性别比，他们认为，当政策放开之后，对于农村单独家庭，由于儿女双全的孩子结构是主流追求，他们不会再做出明显的性别选择，自然有助于性别比的降低；对于城市，由于本身不存在明显的性别偏好，自然也不会对性别比起到恶化作用。

其实，出生性别比偏高是一个非常复杂的问题，它的根本原因是部分生育主体在男孩偏好驱使下进行性别选择性生育的结果。从长期来看，新政策对出生性别比可能会起到一定的缓解作用，但仅靠政策的宽松并不能从根本上将出生性别比拉回正常水平。从短期来看，新政策可能对综合治理出生性别比的方式方法、手段措施、体制机制形成较大冲击，使得过去的综合治理举措面临巨大的挑战和困境。换言之，尽管在新政策环境下，出生性别比将总体向好，但对治理可能有负面影响。在全面两孩政策推行初期，由于部分治理抓手的丧失或失效，也由于更多的人有了二次选择机会，我们无法排除二孩或多胎的出生性别比有上升的可能。

二孩政策对出生性别比的影响主要分两种情况：一是已经生育一孩的夫妇。假设一对有男孩偏好的夫妇已经生育的是女孩，那么再生育一胎的选择性干预会更加明显。相反，如果第一孩是男孩，那么再生育选择性干预的概率大大降低。二是如果有男孩偏好的夫妇刚刚结婚，还没有生育一孩，在这种情况下，存在一种普遍的生育选择：第一孩随机，看一孩生育结果再决定是否生育二孩，是否在二孩进行选择性生育。通常，如果第一孩为女孩，那么第二孩进行选择性生育的概率极高；相反，如果第一孩为男孩，第二孩进行选择性生育的概率较低。

生育政策调整在一些男孩偏好较为盛行的地区带来的出生性别比影响可能是：许多生育了一个女孩的夫妇，在原有的独生子女政策下，他们的生育男孩的愿望被计划生育政策所抑制。随着二孩政策的实施，他们的"机会之窗"被打开。为了实现生育男孩的目标，部分人可能会通过各种途径进行性别选择性生育；而对于已有一个男孩的夫妇，他们生育第二个孩子的愿望通常不强或者选择性生育一个女孩的动机通常不强。

通过上述分析可以发现，二孩政策不仅对二孩出生性别比产生影响，而且对第一胎的出生性别比产生影响。当然，相对而言，二孩政策对第二胎出生性别比的影响要比第一胎出生性别比的影响更为明显。因此，不能简单地认为二孩政策只对二孩出生性别产生影响，而对一孩出生性别比没有影响。更可能的是，二孩政策对一孩出生性别比有缓解的效应，而对二孩出生性别比有恶化的效应。因此，对于男孩偏好较为强烈的地区，已有一个女孩的夫妇就应该成为相关部门控制出生性别比的新的重点工作对象。

（三）我国出生性别比失衡的防范机制

导致出生性别比失衡的因素是众多而复杂的，比如生育政策、生育意愿、传统观念、人工技术鉴定选择、出生的女婴漏报与瞒报等。归根结底主要还是人为干预的结果，一些地区仍然存在较严重的重男轻女现象，运用现代医疗科技手段人为地选择出生婴儿的性别（如通过B超鉴定性别后选择性流产和引产），还有轻视女婴造成的较高水平的女婴死亡率及溺弃女婴现象，等等，这些都会导致女婴出生量减少。然而，虽然目前各级政府采取了种种措施，但治理措施多数治标不治本。B超非法性别鉴定屡禁不止，因需求的存在，管理再严，难免有疏漏之处。要真正达到缓解出生性别比的目的，需要针对影响要素，多管齐下、综合治理，而疏导源头最为关键。

1. 创新性别失衡后果的宣传模式

我们应反思之前的宣传倡导方式方法，找到更有效、更能适应新时期需要的民众喜闻乐见的宣传模式，并在宣传内容和手段方面进行创新，逐渐转变传统的性别观念。更为重要的是，通过发掘鲜活的发生在群众身边的事例，有助于真正引起普通民众对该问题的重视。如适龄男性的婚姻问题已经开始浮出水面，新娘难求的局面已经显现。许多地方的彩礼已经明码标价，一些男性为娶到新娘，不得不支付昂贵的彩礼。政府可在收集资料、加强相关研究的基础上，拍摄相关的宣传视频，通过各种新老媒体加以传播，展现出生性别比失衡的社会后果，让民众对此有切身认识。

2. 倡导性别平等理念，推动女性的终身发展

出生性别比失衡反映的其实是在整个生命历程中，两性地位的失衡和女性权利的不足。但目前的治理政策措施主要还是针对孕妇。在市场化过程中，女性在劳动力市场中的弱势地位越发明显：就业困难、职业的性别隔离明显、主内身份得到强化和褒扬等，这些时时刻刻发生着的日常现象反复提醒人们，儿子比女儿好。因此，只有在生命历程的全过程中两性地位趋于平等，男孩偏好才可缓解，出生性别比也才有望回归平衡。这意味着，性别比失衡的治理措施必须推及女性的整个生命历程，关注两性平等的劳动就业、职业发展、社会保障等终身权利。

3. 取消专门针对女儿户的奖扶措施

对女儿户家庭特殊的帮扶难免将女儿户预设为需要帮扶的弱势家庭。这样的理念、思路和做法的后果可能会对促进性别平等起到适得其反的作用，加剧或强化女儿户家庭弱于其他家庭的感受，让人们更想生儿子。因此，建议今后，对待所有家庭应该一视同仁，取消专门针对女儿户家庭的奖扶措施，不要把女儿户家庭与其他家庭对立起来，不要给他们贴上弱势的标签。对于有需要帮助的家庭，不是由卫生相关部门而是由其他相关部门提供资助，从政策上消除不利于性别平等的做法，避免旨在推进性别平等的公共政策或措施反过来进一步强化性别不平等。

4. 把打击"两非"放在更加突出的位置

"两非"即非医学需要的胎儿性别鉴定、非医学需要的人工终止妊娠。近年来导致出生人口性别比升高的一个重要原因，就是一些人利用现行生育政策，"合理"地进行生育性别选择。依法打击"两非"行为，是综合治理出生人口性别比失衡的最有效方法之一。但从根本上消除性别选择性生育的动机，仍需要一个较为漫长的过程。在生育政策调整初期，治标工

作显得更为重要和必要，要把打击"两非"放在更加突出的位置。在出生性别比偏高问题的治理方面，要继续实行对主管部门和地方党政领导"一票否决"的制度。要充分发挥卫生和计生机构合并的优势，建立打击"两非"的工作新机制。要规范私人诊所，取缔没有运营资格的小诊所，对有关非法鉴定胎儿性别的医疗器械和非法引流产的药物加强管理。可以考虑在所有医院建立类似于"出生实名登记制度"的"流引产实名登记制度"，提高打击"两非"的精准度和有效性。

第四章 生育与政策

一、广东省单独二孩生育政策实施效果评估

在原国家卫生和计划生育委员会（以下简称"卫计委"）的正确领导和悉心指导下，广东省自2014年3月27日起正式实施单独二孩生育政策。在政策实施前后，广东省卫计委高度重视，真正做到了精心组织、周密部署、扎实推进、效果显著，获得各级政府和广大人民群众的高度评价和充分认可。

（一）单独二孩生育政策的实施进展

1. 周密筹备，迅速部署

2013年9月，广东省卫计委在前期组织课题研究的基础上，着手研拟《广东省调整完善生育政策可行性研究报告》。党的十八届三中全会后，广东省卫计委又邀请原新、王广州、陆杰华等著名人口专家在第六次人口普查结果和省全员人口信息库的数据基础上做了进一步的论证和评估，为实施单独二孩生育政策做了充分的前期准备。

2013年11月29日，朱小丹省长亲自主持召开省人口计生领导小组会议，组织各成员单位审议广东省实施单独二孩生育政策的可行性。12月4日、12月6日，省政府常务会议和省委常委会议先后审议单独二孩生育政策事宜，并一致同意争取在全国率先实施。2014年1月26日，中共广东省委、省政府将实施单独二孩生育政策列为《广东省贯彻落实党的十八届三中全会精神2014年若干重要改革任务要点》。2月10日，广东省全面深

化改革领导小组第一次会议审议通过《广东省实施单独二孩生育政策工作方案》。2014年3月20日下午收到国家卫计委同意报备的意见后，广东省卫计委立即启动《广东省人口与计划生育条例》修改工作，并于3月21日向省政府报送了关于修订该条例的请示。经省政府办公厅、省法制办审查同意后，省政府于3月22日向省人大常委会报送了提请审议《条例修正案（草案）》的议案。3月25日至27日，广东省第十二届人大常委会召开第七次会议审议相关议案。25日下午，省人大常委会分组审议通过了《条例修正案（草案）》。27日上午，省人大常委会表决通过了《关于修改〈广东省人口与计划生育条例〉的决定》，标志着单独二孩生育政策在广东省正式落地实施。从启动到完成条例修改，整套程序仅用了5个工作日。

2. 深入宣传，精简程序

为做好政策实施的宣传和及时回应社会关切，广东省卫计委在省人大常委会审议通过单独二孩生育政策后第一时间召开新闻发布会，就启动实施单独二孩生育政策的基本情况、相关政策衔接和审批手续程序等事项向媒体和广大群众通报，及时、全面、准确地公开了单独二孩生育政策实施细则和有关情况。为指导各地落实好单独二孩生育政策，广东省卫计委于2014年4月10日又召开了全省计划生育工作专题会议，将4月份定为"全省实施'单独二孩'生育政策集中宣传月"。要求各地卫生计生工作机构必须克服"等、靠、要"的思想，对政策实施前已经怀孕的单独夫妇，要开辟补办再生育审批的"绿色通道"，做到快接快审快批。要认真执行首接责任制、一次性告知和限时办结等便民维权制度。对核查独生子女身份确有困难的，要依据当事人的承诺办理。

针对部分申请者和媒体反映的手续烦琐问题，广东省卫计委立即召开座谈会，出台了《关于进一步规范单独二孩再生育审批工作的通知》。一是大幅减少审批材料。申请材料只需提供"四证一表"（身份证、户口簿、结婚证、计划生育服务证和《"单独"夫妇再生育申请审批表》）。二是严格简化审批流程。只要向当地村（居）委会或镇（街）政务中心提交相关材料，即可一站式办理单独二孩再生育审批全部手续。三是尽量缩短审批时间。明确取消原有的15天公示，还规定针对不同情形设定相应审批时间："单独"夫妇为省内同一地级以上市户籍的在5个工作日内办结，省内不同地级以上市户籍的在 10 个工作日内办结,跨省户籍的在 15 个工作日内办结。四是彻底转变工作思路。相关"单独"身份的核查工作将由相关工作人员根据全员人口信息系统、独生子女父母奖励情况等进行后台审核。

3. 单独二孩生育政策实施平稳

广东省下辖 21 个地级市:广州、深圳、佛山、东莞、中山、珠海、江门、肇庆、惠州、汕头、潮州、揭阳、汕尾、湛江、茂名、阳江、韶关、清远、云浮、梅州、河源。从 2014 年 3 月 27 日起,广东全省各地开始受理群众符合单独二孩生育政策的生育申请。截至 2015 年 5 月,共有 123342 对单独夫妇申请生育两孩,符合条件并已获批准的单独夫妇有 121116 对,实际已生育二孩数量为 33005 个,占批准数的 27.25%。

单独二孩生育政策实施前,根据全员人口数据库资料显示,2013 年年末,广东省户籍人口中符合法定婚龄(男 22 周岁、女 20 周岁)的单独家庭数量为 24.35 万,其中,已生育一孩符合单独二孩生育政策的为 14.59 万户。此外,全省每年约新增 80 万对新婚夫妇,其中,单独夫妇约为 2.5 万~3.0 万对。据专家预测,单独二孩生育政策下出生人口数量先增后减,出现人口堆积现象,一般发生在政策实施后的第二年。此后,出生人数会逐渐稳定,稳定之后,单独二孩生育政策相比原来的生育政策,每年多出生 3 万~5 万人,对广东省出生人口数量影响甚微。在 1999 年 1 月 1 日之前,广东农村实行的是"二孩"政策,之后改为"一孩半"政策,所以,整个广东的独生子女数相对占比不高。

针对实际执行过程中遇到的一些现实问题,国家卫计委于 2014 年 5 月下发文件,进一步明确了单独二孩政策的适应对象,以及相应政策改革。在已申请的数量中,一个明显的特点是申请人数大体上呈先升后降的趋势。随着单独夫妇在过去一年里完成第一孩生育后,将有部分夫妇加入申请单独二孩的行列,单独二孩的申请人数将保持在一个较为稳定的水平上。另外,申请审批数不等于出生人口数,2015 年作为单独二孩生育政策实施的第二年,单独二孩出生人口数有一个小高峰,但基本在此前预测控制范围之内。没有出现社会资源过度挤压现象,各项社会配套及服务完善、有序,社会效果良好。

(二) 单独二孩生育政策实施的基本特征

1. 单独二孩生育政策的影响范围主要集中在珠三角地区

广东省划分为珠三角、粤东、粤西和粤北四个区域，其中，珠三角包括广州、深圳、佛山、东莞、中山、珠海、江门、肇庆、惠州，粤东包括汕头、潮州、揭阳、汕尾，粤西包括湛江、茂名、阳江，粤北包括韶关、清远、云浮、梅州、河源。从各地市汇报上来的总体情况看，广州市的申请数量、获批数量和实际生育数均居全省之首，分别为30627、29895和8367，分别占全省的24.8%、24.7%和25.4%。深圳次之，依次为17853、17687和7406，分别占全省的14.5%、14.6%和22.4%。粤东地区的揭阳和汕尾是数量最少的两个地区，其中揭阳的二孩申请数量、获批数量和实际生育数量分别为793、741和283；汕尾居于末位，分别为377、172和123，分别占全省的0.3%、0.1%和0.4%。

2. 单独二孩生育政策的目标人群大多是非农业人口，农业人口申报和批准的比例均低于非农业人口

分区域单独二孩生育政策的数据显示，符合条件的非农业人口单独家庭生二孩的申请数为101661，批准数为99815，符合条件的农业人口单独家庭生二孩的申请数和批准数则各为21681和21301。广东农村在1999年以前都是实行全面两孩政策，1999年1月1日后，在农村执行"一孩半"政策。因此，广东在1999年后才产生政策性的农村独生子女。这批农村的政策性独生子女初婚初育要等到2020年，2025年才进入生育二孩的年龄。所以，目前符合单独二孩条件的家庭基本都集中在城市地区。此外，已有的独生子女，他们主要来自城镇非农家庭。而一般婚姻遵循"门当户对"，这些独生子女的婚配对象也大多以扎根在城市的非农青年为主，所以，形成的单独二孩目标人群仍多为城市非农人群。

3. 申请再生育和实际再生育家庭中，30～34岁的育龄女性所占比例均最高

从符合单独二孩生育政策育龄女性的年龄分布来看，女方年龄在30～34岁的单独家庭，是目前"再生一个"的主要群体。从申请、批准和实际再生育的"单独"夫妇的女方年龄构成来看，30～34岁的育龄妇女也是主体，所占比例分别为47.7%、47.8%和48.0%，该比例远远高于其他的年龄段。在已生育人群中，25～29岁的占22.9%，35～39岁的占22.75%。40岁以上的"单独"二孩生育者比例很低，只占全部生育群体的3.1%。随着她们年龄的增大，受孕的难度增加，生育意愿和实际生育行为能力都会降低，故而推迟生育甚至放弃生育可能是一大原因，但更重要的是，40岁以上的育龄妇女出生在1975年以前，由于当时并未推行明确的控制生育相关政策，这一时期出生的人口中独生子女比例相对很低，其后在婚姻匹配中形成的"单独"夫妇也就相对较少。

4. 随着时间的推移，单独二孩的申请、批准人数先升后降

调研发现，符合单独二孩生育政策的申请、批准人数在开始的几个月均呈上升趋势，而随着时间的推移人数出现下降。在生育意愿被多年抑制之后，政策调整初期是申请生育二孩的增长期，但过了一定的时间后，以往堆积的目标人群有意愿和能力生二孩的基本都已完成申请报批甚至生育，因此，在政策调整的1年多后单独二孩生育数增加不突出是正常的。

5. 符合单独二孩生育政策的二孩性别比偏高

到2015年5月，符合单独二孩生育政策家庭已生育男孩17797个，已生育女孩15208个，二孩性别比为117.02，高于正常水平。综合考虑农村符合单独二孩生育政策家庭、"一孩半"家庭以及传统的重男轻女生育观念，二孩性别比一般会相对偏高。

（三）单独二孩生育政策实施效果的原因分析

调研表明，单独二孩生育政策调整导致的多出生人口数与先前预测的数值存在一定差距。相对于全国来说，广东的差距不是很大，还不能算作"遇冷"，但也确实没有"遇热"。

1. 对三种解释的分析

在调研过程中，对于没有出现多生的现象，我们听到三种解释，现分析如下。

（1）"滞后论"。该观点认为，生育政策调整后的生育行为反映相对于政策调整有一个滞后性：符合新政策可以生育第二个孩子的夫妇很难在政策调整之后马上怀上第二个孩子，即使怀上了孩子也还有一个"十月怀胎"的过程。因此，现在没有出现多生的现象，并不代表着今后也不多生。这种观点有其合理的一面。不过，如果说生育行为可以滞后，但对二胎生育的申请是可以积极的。

（2）"羊年论"。该观点认为，2015年是羊年，很多人由于想避开羊年生育可能会推迟提交申请的时间。那么是否羊年真的会影响生育数量？1991年和2003年均为羊年，然而有数据显示，与相邻的两年比，这两个羊年的出生率并没有明显的偏低，而且都属于正常的变化过程。这说明，羊年并不会对生育数量有显著的影响。

（3）"观望论"。该观点认为，在生育政策调整后，许多符合新政策可以生育第二个孩子的夫妇还在观望之中，没有急于生育。这种观点持有者并没有解释单独夫妇为什么观望和观望什么。而且，即便是这种情况，我们也没有理由认为这部分人的"观望期"是1年或者2年，而且在1～2年的观望期过后就会生育孩子。

2. 对三方面原因的分析

中国已进入"生育成本约束驱动"的低生育率阶段，生育政策已不再是影响人们生育意愿和生育行为的首要因素，取而代之的是经济、社会和文化等因素。因此，"二孩"生育没有"遇热"的真正原因主要可能有以下三个方面。

（1）主观上，生育观念变化使其不愿生。公民不愿生育致使人口下降的状况，在现代化程度较高的国家和地区很普遍，如欧洲各国及俄罗斯，东亚的韩国、新加坡及我国台湾地区，政府补贴鼓励生育也扭转不了人口数量降低的大趋势。中国已成为全球第二大经济体，现代化、城市化进程正在加速，生活方式与思想观念也在急速改变。中国传统的生育观念是"多子多福"，但以"80后""90后"为代表的年轻人的生育观念已经发生变化。新一代的年轻人对子女数量的追求由多变少，对孩子质量的追求由低变高，晚婚、晚育、少生、优生的生育政策深入人心。由于社会福利水平的提高和社会保障体系的逐步完善，人们已经逐步从"养儿防老"向"社会养老"过渡，"养儿防老"的观念越来越淡薄，这也是人们生育观念转变的重要内容。

（2）客观上，生育成本提高使其不敢生。生活压力大，生活成本高，孩子入园难、上学难，现实中的种种困难，让很多父母，尤其是"80后"父母，想要"二孩"不容易，而在北上广等一线城市中，这些问题尤为突出。目前，教育投入是学龄前儿童的主要投入。除此之外，现在越来越多的家长还为孩子选择了各种各样的课外培训班。很多家长表示，其他小孩都学这样那样的，我不可能让我的小孩什么都不学，不能让小孩输在起跑线上。所以，二胎是个"奢侈品"，不是人人都能消费得起的。穷人"生不起"，富人"出去生"。内地一部分富人都有这种观念：要么选择不生，要么以更好的方法生。目前，青年人承受的家庭、工作以及社会压力都比较大，生活成本高，生养孩子的成本更高，没有充足的物质基础，人们往往不会轻易选择生二胎。这既是许多人的理性判断，也是许多人面对社会现状的无奈选择。

（3）实践上，现实保障支持使其努力生。随着国家对二胎政策的放开，如今的年轻夫妻们又站在了一个幸福的十字路口，当前单独家庭有生二胎意愿的，主要理由包括"孩子可以相互照顾，不再孤独成长""防止失独家庭的悲剧"等。当然，不少是出于老人的意愿。有些父母甚至向儿女表态："你们只管生，我们负责养。"所谓"一孕倾全力，一生动全家"。很多上一辈的老人都愿意义不容辞地承担起家庭责任，参与孙辈的生育过程，并分担孙辈的养育责任。当代社区对婴幼儿的集中看护和教育功能的逐步健全，也减轻了二孩家庭远途接送孩子等的压力。此外，互联网的技术进步还可以把工作领域延伸到家庭，让生育二孩的女职工能够做到工作和家庭兼顾。在政策层面，自2011年起，原广东省人口和计划生育委员会（以下简称"人口计生委"）就启动了调整完善生育政策的研究和准备工作，组织开展了一系列基础性调查研究。广东省卫计委要求各地卫生计生系统做前瞻性准备，一方面，要与当地发改委、卫生、教育等部门协商，保障医疗等公共服务的提供；另一方面，符合单独二孩生育条件人数较多的地区，倡导合理的生育健康间隔、做好再生育审批等措施，减缓孕妇扎堆给医疗资源带来的压力。这些都为育龄妇女的二胎生育提供了现实保障。

(四)启示

1. 要准确认识单独二孩生育政策"叫好不叫座"现象

广东省卫计委组织对全省符合单独二孩生育政策家庭进行了统计。根据调研结果,尽管大多数人内心渴望拥有两个孩子,但符合政策的育龄人群实际生二孩的比例并不高。因此,单独二孩生育政策实施以来,暂时没有出现生育堆积的情况。这主要是由于早期的一胎政策对城市的控制比乡村更严,如今政策放宽后,受影响较大的是居住在城镇的夫妇,但城市的教育理念较先进,教育费用和楼价昂贵,育儿成本高,加上依靠子女养老的可能性降低等,使他们不愿生也不敢生。生育意愿变化、育龄人群减少、生育成本提高等,都是趋势性的变化,一旦形成,短期内难以有根本性改变。总体而言,实施单独二孩生育政策对人口总量的运行态势没有产生较大的影响。

2. 切实实现计划生育工作转型提质

我们应该全面理解党的十八大关于人口长期均衡发展的要求,把计划生育工作的重点和重心放到促进人口长期均衡发展和提升家庭发展能力上来,在坚持以宣传教育为主、以避孕节育为主、以经常性工作为主的"三为主"工作方针的同时,做到"三个更加",即更加注重利益导向机制建设,更加注重生殖健康、优生优育和服务关怀,更加注重信息化和科学管理。精心做好调整完善生育政策工作,提升基层计划生育综合服务管理水平,综合治理出生人口性别比偏高问题,完善计划生育利益导向政策体系,加强流动人口计划生育服务管理,使生育政策进一步回归尊重人口自身发展的规律,以更灵活、人性化和科学的方式,促进人口长期均衡发展最终目标的实现。积极应对部分地区可能出现的"低生育水平陷阱",积极应对老龄化的挑战,积极应对新型城镇化的要求,加强人口运行的动态监测,及早筹划进一步完善生育政策。这是计划生育工作顺势转型提质的必然方向。

二、全面两孩政策下女性基本公共服务面临的挑战及对策

实施全面两孩政策，是促进人口均衡发展的重大举措，有利于优化人口结构、增加劳动力供给、减缓人口老龄化压力，有利于更好落实计划生育基本国策，促进家庭幸福与社会和谐。面对新政实施对妇女发展带来的一些挑战，当前妇女工作的重中之重是合理配置好妇女在基本公共服务等方面的资源，满足妇女新增需求，解决女性发展难题，尽量减少妇女生儿育女的后顾之忧。

全面两孩时代，女性的社会基本公共服务正面临健康、继续教育、养育和家务负担等一系列挑战。

首先，高龄女性的健康存在一定风险。女性是再生育的直接承担者，而生育第二个孩子对高龄女性的身体健康可能会带来一定风险。生育二孩的女性普遍年纪偏大，加之政策一开放后，一些大龄女性的生理状况往往会促使她们最急于生育。医学上认为生育高危人群为超过 35 岁生育的妇女，这部分集中怀孕和生育的孕产妇容易面临流产，其婴儿的出生缺陷发生率也会较通常情况下增高。因此，就更需重视包括优生咨询、生育高危人群指导、孕前筛查、营养补充等产前优生监测和检查，这使得医疗资源的争夺更为紧张，也对基层政府的计生服务能力提出了更高要求。

其次，女性的继续教育受到一定影响。生育二孩可能会间接影响女性对继续教育权利的行使。女性除了花费一年多的时间怀孕生子哺乳，还要花时间照料婴儿、承担养育子女的任务，而且教育孩子是终身事业，负担和压力更大。养育两个子女以后，女性可以自由支配的时间更少，完成本职工作尚且压力很大，一般不得不放弃接受继续教育的权利。这种情形的主要根源不仅在于经济成本的增加，还在于时间成本的增加。因为经济上短时间内尚且可以通过雇佣保姆、将孩子送入托儿所的方式，但是从有利于子女成长教育的角度上来说，子女一般对母亲的生理、情感依赖较强烈，不宜完全由他人代为履行母亲的职责。

最后，加重了老年女性的养育和家务负担。生育二孩所要承担的责任与义务不仅加重了母亲的家务负担，也可能会对大家庭中祖辈老人特别是老年女性的生活带来影响。现代社会结构中特别是城镇人口，因为生活成本和自我价值实现的追求等内外因的作用，大多数家庭夫妻双方都选择外出工作。女性产后可能刚调整好自身状态就得投入工作，但选择雇佣家政人员一方面支出成本较高，另一方面也不符合中国的家庭传统。于是，由孩子的外婆或奶奶等帮助照顾便成为现今的常态。然而，老年人大多已经从工作岗位上退休，应当享受晚年时光，出于对儿孙的关爱而牺牲自己的时间、精力，无疑是将这种家庭的养育压力转嫁在了老年女性的身上。

实施全面两孩政策是党中央、国务院落实党的十八届五中全会精神做出的重大决策部署，要主动适应形势和人民群众的新要求，改革完善公共服务管理，扩大女性基本公共服务的有效供给，提高女性的基本公共服务水平，做好相关经济社会政策与全面两孩政策的有效衔接，为全面两孩政策实施、促进女性人口可持续发展提供有力保障。女性生育孩子也是一种劳动，其部分成本应由社会承担。下一步国家应修改完善相关法律法规，做好政策衔接，从公共政策角度，要解决好女性基本公共服务面临的问题。

第一，加强妊娠风险评估和高危孕产妇专案管理。全面两孩政策必将产生大量35岁以上的高龄孕产妇，这一群体将在孕育、生产中面临比普通孕产妇更大的风险。所以，应摸清妇幼健康服务资源底数，准确掌握产科、儿科床位数和医护人员数，做好资源调配预案，有效应对服务资源紧张状况，防止出现"一床难求""一号难求"等现象；加快建立区域孕产妇与新生儿危急重症救治中心，加强妊娠风险评估和高危孕产妇专案管理，健全会诊、转诊救治机制，加强专业人员培训，不断提高救治能力，坚决守住母婴安全这个底线；提供精准服务，在提供优生优育全程服务的基础上，为符合条件准备再生育的计划生育人群提供"取环""复通"等计划生育基本技术服务，为不孕不育患者提供必要的辅助生殖技术服务；提供便民服务，推行"互联网+妇幼健康"服务模式，逐步开展预约诊疗、便民门诊、远程会诊等服务。有条件的地区要动态公布孕产妇保健建册（卡）和产科床位使用情况，引导群众合理有序就诊，提高广大妇女儿童的感受度和满意度。

第二，扎实推进女性的继续教育培训。实现女性的平等就业权，除了减轻女性在家庭中过重的生育职能、禁止就业歧视之外，女性本身也要坚持不断学习知识和专业技能。如果女性在同等水平下不能获得与男性相一致的职业机会与报酬，那么更会使得无论是其父母还是女性自身都对于教育投入的动力不足。对女性教育投入的不足，一方面直接导致女性个人职业发展与社会生活遭到阻碍，另一方面由于女性教育投入不足将间接影响由这些女性所生育和抚养的子女的健康成长。因此，从家庭教育、学校教育、媒体宣传等方面，都应该强化男女平等观念，树立独立、自强的精英女性形象。不以婚姻作为衡量女性成功的唯一标准，所谓"剩女""女汉子"之类的标签仍然带有传统的性别偏见色彩，不应当成为整日过度议论的社会话题。真正实现男女在各方面的平等，不仅需要立法上制定完善的法律法规，从源头上保障政府部门严格执法，用人单位贯彻、遵守法律及提高社会责任意识，而且更需要广大女性积极参加各种教育培训，提高自身的综合素质，进而使自身在社会竞争中处于优势地位。

第三，积极兴办公立和平价私营托幼机构，将母婴室建设纳入城市规划。照料支持能够显著提高妇女的就业可能性，而且显著削弱婴幼儿对已婚妇女就业的消极影响。然而，目前中国0～3岁婴幼儿的照料支持仍来自家庭内部，在制度层面尚缺少对这一需求的服务提供体系。在发达国家，尽管生育与妇女就业在个体层面仍主要呈现负相关关系，但在宏观层面却自20世纪80年代开始在一些国家发现生育与妇女就业呈正相关关系，很多学者认为这与这些国家制定了家庭支持性政策有关。建议以政府公办和社会力量相结合的方式，设立针对0～3岁儿童的托幼机构，缓解妈妈们带孩子的沉重负担。另外，在推崇母乳喂养的今天，如果在公共场所缺乏必要的专用母婴哺乳室，年轻妈妈哺乳时将会遭遇尴尬境地。在个人隐私越来越受到尊重的今天，公共场所缺少母婴室是对女性正当权利的隐形伤害。作为公共服务设施，城市在编制公共场所、商务楼宇和企业的建设规划时应适当设置母婴哺乳室。设置类似母婴哺乳室这样的公共设施，尽管只是城市管理细节自觉完善的点滴进步，却体现出一座城市的人文关怀和文明进步。呼吁各大公共场所和单位建设母婴室，支持妈妈们有尊严地喂母乳，以实际行动关爱妈妈和宝宝，充分保障妇女儿童基本权益，促进国家新出台的全面两孩生育政策落到实处。

要真正发挥全面两孩政策的效能，政府应通过各项制度或者公共政策更大程度地实现其代表性和责任，回应女性群体日益增加的基本公共服务需求，完善女性基本公共服务国家标准体系，不断健全标准动态调整机制。同时，要加强女性基本公共服务的供给，保障妇女享有基本公共服务，切实解决妇联工作中存在的实际问题，把全面两孩这件惠民生、利长远、合民心的好事办好。

三、实施全面两孩政策后广州市产检和分娩医疗资源需求分析

广州市是特大城市，全市人口种类多样、民众产检和分娩医疗资源需求多元，认真分析研究现有产检和分娩医疗资源与民众实际需求之间的辩证关系，并提出合理的对策建议，对实施全面两孩生育政策具有极其重要的现实意义。

（一）研究背景

1. 政策背景

为适应人口和经济社会发展新形势，促进人口长期均衡发展，继2013年11月党的十八届三中全会决定实施一方为独生子女的夫妇可生育两个孩子（简称"单独二孩政策"）的决定之后，2015年10月，党的十八届五中全会做出了全面实施一对夫妇可生育两个孩子政策（简称"全面两孩政策"）的重大决策。2015年12月27日，第十二届全国人民代表大会常务委员会第十八次会议决定对《中华人民共和国人口与计划生育法》做出部分修改，颁布《中华人民共和国人口与计划生育法》（2015年修正），决定自2016年1月1日起，在全国范围内同时实施全面两孩生育政策。2015年12月31日，中共中央国务院印发《中共中央国务院关于实施全面两孩

政策改革完善计划生育服务管理的决定》，对实施全面两孩政策做出全面部署。2016年5月18日，在中国计划生育协会第八次全国会员代表大会召开之际，习近平总书记做出重要指示，指出在未来相当长的时期内，计划生育基本国策必须长期坚持。他希望各级党委和政府要推动计划生育基本国策贯彻落实，促进人口长期均衡发展与家庭和谐幸福，为实现全面建成小康社会奋斗目标、实现中华民族伟大复兴的中国梦做出新的更大的贡献。

党中央、国务院顺应时代变革，顺应民众期盼，做出调整生育政策、改革完善计划生育基本国策的重大决策，必将深刻地影响经济社会的发展。为了更好地贯彻落实这一重大决策部署，各地都在努力结合自己的实际创新工作思路和措施。广州市是全国特大城市，常住人口近1700万人，符合全面两孩生育政策的人群较大，近期内对产检和分娩医疗资源的需求快速上升，现有的产检和分娩医疗资源与快速增长的需求之间存在一定差距。科学掌握实际差距、有效应对实际需求，是全面落实中央决策部署极其重要的环节。

实施全面两孩政策对产检分娩医疗健康提出了更高要求。实施全面两孩政策，是党中央站在中华民族长远发展的战略高度，促进人口均衡发展做出的重大举措，是科学把握人口和经济社会发展规律而做出的重大决策。随着全面两孩政策的实施，群众累积生育需求将集中释放，可能形成补偿性生育高峰，并将维持一段时期，高龄孕产妇、高危孕产妇、高危新生儿的比例可能将高于一般水平，产检分娩服务的数量、质量和服务资源都将面临新挑战，广州作为大城市和流动人口流入地区，供需矛盾将更为突出。对广州市产检分娩事业而言，这既是严峻的挑战，也是难得的机遇。我们要积极应对挑战、抢抓战略机遇，推进产检分娩事业再上新台阶，全力保障全面两孩政策稳妥、扎实、有序实施。

2. 国内研究现状

全面两孩政策实施以来，关于产检和分娩配套医疗资源有关问题的研究正在逐渐展开，可以归纳为以下三个方面。

（1）生育政策调整对医疗资源需求的影响。出生人口增加是生育政策调整的最直接影响之一。全面两孩政策实施前后，有学者对这一政策能带来的出生人口数量增长进行了预估。乔晓春预测了实施全面两孩后的生育水平,认为年度出生人口峰值在 2200 万～2700 万之间,总和生育率峰值会在 2.17～2.68 之间。翟振武等估算了全面放开二胎政策的目标人群,测算了年度出生人口规模的变动,分析了立即全面放开二胎的人口学后果,认为立即全面放开二胎会造成出生人口的急剧增加,短时间内会出现生育高峰,相应助产机构每张床位承接活产数上升,门诊量上升,而新生儿危急重症案例也大幅度增加,因此,及时建立完善优质的产检分娩服务体系非常必要。

(2) 孕产妇救治的挑战和建议。生育政策调整后高龄高危产妇增加,导致产科压力增大。国佳等利用"孕产期保健服务信息化管理系统",对天津市的系统管理孕产妇进行数据收集,对其年龄趋势、构成特点、高危因素、二孩孕妇特点、分娩量等信息进行分析。结果发现,伴随着全面两孩政策的实施,天津市孕产妇数量迅速增多,高龄女性二孩比例增加,流动人口比例增加,医疗资源分布不均衡,这为本市的孕产期保健管理工作带来了一系列困难和挑战。胡丽娜通过对全面两孩政策给医疗卫生机构带来的挑战进行解析,为医疗卫生机构已经面临或即将面临的问题提供了一些建议,她认为,应修改完善相关法律法规,做好政策的衔接,加强孕产妇救治能力建设,医疗机构要提前备战,制订长远的计划,争取以最少的资源解决最多人口的医疗保健问题。

(3) 国内研究的评价。由于生育新政出台不久,所以总体来说,我国对全面两孩政策后医疗资源的需求和建议方面的研究成果较为缺乏,大多仅停留在政府和民众倡导阶段,缺乏具体有针对性的研究,同时,着眼于产检和分娩医疗资源需求的研究则更为稀缺。广州市是特大城市,户籍人口与非户籍的常住人口几乎各占一半,全市人口种类多样、民众产检和分娩医疗资源需求多元,具有很强的示范效应,但是,目前这方面的研究仍相对不足。

随着《广东省人口与计划生育条例》修改并率先颁布,2016 年 1 月 1 日起,广东省开启了全面两孩政策生育新模式。广州市是全国特大城市,符合全面两孩生育政策的人群较大,近期内对产检和分娩资源的需求快速上升,给广州市产检和分娩医疗资源承载能力带来巨大挑战。因此,有必要认真分析研究全面两孩政策实施后广州市产检和分娩医疗资源的承载力与民众的实际需求，结合新增需求提出保障建议。

（二）产检和分娩医疗资源利用的目标人群分析

1. 0 孩和 1 孩育龄妇女（15～49 岁）的规模扩大

根据 2018 年广东全员人口统计年鉴，广州市实施全面两孩政策的目标人群和潜在人群的数量如下。

（1）户籍人口中的 0 孩和 1 孩育龄妇女数量。根据统计分析数据，截至 2017 年年底，广州市户籍人口育龄妇女中，0 孩的约为 91.57 万人，1 孩的约为 93.37 万人，也就是说，广州市实施全面两孩生育政策的户籍目标人群和潜在人群合计约为 184.95 万人（见表 4 - 1）。

（2）常住人口中的 0 孩和 1 孩育龄妇女数量。根据统计分析数据，截至 2017 年年底，广州市常住人口育龄妇女中，0 孩的约为 197.01 万人，1 孩的约为 143.42 万人，因此，实施全面两孩生育政策的常住目标人群和潜在人群的总量约为 340.44 万人（见表 4 - 1）。

表 4 - 1　2017 年广州市户籍人口和常住人口育龄妇女孩次结构（单位：人）

育龄妇女	0 孩	1 孩	合计
户籍	915709	933760	1849469
常住	1970099	1434257	3404356

数据来源：2018 广东全员人口统计年鉴。

（3）小结。将户籍人口与常住人口的目标人群相对比可以发现：生育政策调整的效应逐步释放。从目标人群的数量上来看，常住人口的目标人群数量是户籍人口的 1.70 倍（多约 17.89 万）。可见，常住人口目标人群不仅会加重广州市孕育服务的压力，也会对卫生资源的分布提出新的要求。另外需要指出的是，上述内容分析的仅仅是户籍人口和常住人口目标人群的状况。还要考虑在广州生活不足半年的流动人口中也有可能会在广州生育的情况，以及广州周边地区居民选择在广州生育的情况，这两方面也会加大广州实有目标人群的数量。

2. 出生人口总量增加

从 2016 年、2017 年已有的实际数据看,广州市实施全面两孩政策后的出生人口数量如下。

(1) 户籍人口出生数量。根据广东全员人口统计年鉴,从 2016 年 1 月开始实施全面两孩生育政策后,2016—2017 年,广州市户籍人口分别出生约 10.33 万人和 15.30 万人,2017 年比 2016 年多出生约 4.67 万人,出现一个明显的出生峰值(见表 4-2)。

表 4-2 广州市户籍人口全面两孩生育政策出生人口数量 (单位:人)

年份	全面两孩
2016	103294
2017	153027

数据来源:2017、2018 广东全员人口统计年鉴。

(2) 常住人口。根据广东全员人口统计年鉴,从 2016 年 1 月开始实施全面两孩生育政策后,2016—2017 年,广州市常住人口分别出生约 19.24 万人和 24.29 万人,2017 年比 2016 年多出生约 5.05 万人,出现一个明显的出生峰值(见表 4-3)。

表 4-3 广州市常住人口全面两孩生育政策出生人口数量 (单位:人)

年份	全面两孩
2016	192358
2017	242872

数据来源:2017、2018 广东全员人口统计年鉴。

(三) 产检和分娩医疗资源利用的需求分析

在全面两孩生育政策刚刚开始实施的最初几年中,由于短期内出生人口的突然增加,广州市的生殖健康服务、孕育服务等公共资源有可能会面临一定程度的紧张和不足。

1. 节育服务量将在近期大量增加

广州市原先一孩夫妻的长效避孕节育措施以宫内节育器为主。只生育了一个孩子并且落实了避孕节育措施的夫妇，如果想生育第二个孩子，首先要实施取出宫内节育器的手术。根据广东全员人口统计年鉴，2016年1月开始实施全面两孩政策后，最初的几年常住人口的生育数量增加。同时，考虑到一孩夫妻更有可能落实新政策，因此，最初几年生育的群体会以已有一孩的夫妻为主。预计在最初几年全市节育服务量会大量增加，这将给妇幼保健服务带来较大压力。

2. 产前和孕早期检查等优生健康服务资源将面临较大压力

全面两孩生育政策实施之后，由于部分夫妻扎堆抢生，产前检查和孕早期检查的人数将会随之增加。根据广东全员人口统计年鉴数据，实施全面两孩生育政策之后，常住人口的出生人数在近几年有较快增长。这意味着目前这个阶段将会是常住人口产前检查和孕早期检查的人数增长较快的时期。全面两孩生育政策实施后，在产前检查和孕早期检查人数将大幅度增加的背景下，要实现产前检查率和孕早期检查率100%的目标，任务艰巨。

3. 产床需求量将大幅度提高

产床的需求量是由出生人口数量和产床负担能力两方面的因素决定的。根据广东全员人口统计年鉴的数据，实施全面两孩生育政策后，2016年广州市常住人口的出生人口数量是19.24万人。一般情况下，按平均生产1个孩子标准住院日为4~5天计算，每张产床每年可负担73~92个新生儿出生。按照以上标准，2016年相应常住人口的产床需求量在0.21万~0.26万张之间。在2017年，广州市常住人口的出生人口数量为24.29万人，需要的常住人口的产床数也差不多达到0.24万~0.33万张之间。

4. 高龄产妇的护理需求将进一步增大

二孩政策开放后，分娩人数持续增多，医院床位紧缺，医疗设备资源紧缺，加之高危妊娠产妇住院率高，住院时间长，占据医疗资源多，加剧了产科床位不足、医疗设备紧缺、医疗服务缺乏等问题。也就是说，35周岁以上高龄高危孕产妇的增加，可能导致大龄孕妇妊娠与分娩的危险系数升高，这意味着在一般的产前检查和孕早期检查之外，高龄孕妇的产检和分娩医疗服务负担将更为沉重。

（四）产检和分娩医疗资源利用存在的主要问题

广州市下辖11个行政区，医疗资源规划经过了多年的发展历程，一直在不断进步、不断改进，但从当前广州市的情况看，实施全面两孩政策以来，广州市产检和分娩医疗资源利用仍然面临很多问题和挑战，迫切需要加快解决。目前，广州生育服务需求与供给之间的矛盾更加突出，产检分娩医疗资源总量不足、结构不合理、分布不均衡、服务能力不强等，都严重制约着广州市产检和分娩医疗事业的发展。

1. 产检和分娩医疗卫生人才数量不足

广州市产科人力资源中，持母婴保健技术（助产）考核合格证人数占产科业务人员总数偏低，专职负责保健、咨询、培训、辅导、评估等人员也较少。部分妇幼保健专科医疗机构和综合性医疗机构当中常规的儿科医生、妇科医生和产科医生等人员配备相对不足，难以满足工作量的要求。另外，医务人员生育人数上涨也导致人才紧张。随着全面两孩政策实施，医务人员中育龄期女职工生育意愿也有所上升。一是护理人员中相当大一部分为年轻女职工，适龄期婚育需求不容忽视；二是医务人员为中高收入群体，已生育一孩的医务人员由于自身医疗保健知识及育儿经验相对丰富，更倾向选择生育二孩。全面两孩政策实施以来，不仅儿科、妇产科门诊和急诊、住院人次增多，医务人员本身因怀孕生育期间请假休假人数也有所上升，这必将对已趋紧张的产检和分娩医疗人才资源增加新的压力。一些医院虽然增加了医生人数，但工作经验相对不足。产科医生培养周期相对较长，有经验的产科医生短缺的现象一定时间内有待解决，优质生育医疗人才供不应求。人才数量不足导致产妇接触医生的时间相对减少，部分医生过度疲劳接诊，不仅对医生本人的精神和身体健康带来不良影响，对病人的诊治质量也危害极大。因为医生的看诊时间和疲劳程度容易造成对病人的误诊误治，甚至引起手术并发症，带来医疗风险。

2. 产检和分娩医疗人力资源在学历和职称上有待提升，人才流动机制不完善

优化配置卫生人力资源、促进医务人员合理流动，既是医疗体系建设发展所需，也是实现分级诊疗的重要手段。作为改革开放前沿的国际化大都市，广州市产检和分娩医疗卫生资源的人才资源配置仍显不足，总体上看，部分基层妇幼卫生服务机构缺乏高层次、高学历人才，无得力的学科带头人，产科、儿科学科建设较滞后。一方面，产科医生和助产士队伍的职称和学历层次不高，全市具有正高级专业技术职称的产科医生人数较少，人才梯队构建不够合理，高职称、高学历、高技能、专家型的医生相对缺失。另一方面，科研人才缺乏，科研水平有待提高。产科的医疗科研水平较为薄弱，科研团队不强，科研水平参差不齐，取得的省级、国家级以上重点科研项目较少，使产科缺乏发展后劲。此外，当前部分医院依然广泛存在计划经济的烙印，缺乏现代医院治理理念，运行机制不畅、管理效果不佳。卫生技术队伍职称终身制，缺乏竞争意识；人员考核的标准和方法落后、考核流于形式，使考核不能发挥真正作用等这些问题都影响着产科的建设与发展。在医疗机构的等级"金字塔"中，医生群体呈现阶层固化特点，人才流动机制不完善，严重制约了基层产检分娩医疗机构的发展壮大。

3. 产检和分娩医疗资源分布不均，民众存在名院就医情结

广州市医疗资源拥有总量居于全国前列，但城乡配置不够合理，区域医疗资源配置问题仍未解决，属于医疗行业发展难题之一，这与广州市的地理、历史、人文、经济等因素都有关。大型三甲医院过度集中于中心城区，新兴区域则很少有大型医疗机构落成，即使有，在基层医疗机构的占比上也不占有优势。医疗资源配置状况间接地引导了居民集中就医，造成了医疗资源"倒三角"的畸形结构，即三级医院床位高负荷运转与基层医院床位过剩现象并存。各级医疗机构产科床位使用率差距悬殊，结构性短缺问题突出。大型医疗机构人满为患，三级甲等专科医院产科、儿科床位长期处于高饱和状态，医护人员加班加点仍应接不暇。另外，市民大多怀有名院就医情结，床位越是紧缺越是抱有择优而待的期望，加剧大型三甲医院儿科、产科的床位紧张程度。优质医疗资源欠缺，群众信任度差，造成相当一部分孕产妇舍近求远,到条件更好但更远的医院就医。优质医院的孕妇产检慢、产前超声检查预约时间久的问题十分突出。

4. 社会办医服务能力不强

在妇幼医疗资源紧张的情况下,提供优质医疗服务的社会办医有望成为分流母婴就医渠道、分担公立医院压力的一大助力。但规模较小、专科能力不强的情况在民营医疗机构中仍普遍存在,因发展场地难落实、专业人才难引进、行业公信力不高、政策扶持力度不够等原因,使其尚不具备与公立医疗机构竞争的能力,距离成熟的多元化办医格局的形成还有较大的成长空间。目前,我市医联体结构主要以松散型为主,紧密型偏少,功能整合度与机构配合度还有待提升与完善。部分地区还存在危急重症孕产妇和新生儿救治绿色通道运转不畅的问题,用血优先权、医疗救助政策尚未得到有效落实。公办医疗仍是带动我国卫生事业发展的龙头,社会办医疗机构相对来说比较不易得到患者的信任,卫生技术人员较多时候可能不会首先选择加入社会办医疗机构中,导致公办医疗机构与社会办医疗机构或许发展不够均衡。同时,医疗制度改革不够深入,改革仅仅浮于表面,无论是从人事上的撤销编制到财政上的统筹,都无法彻底扭转公办和民办医疗资源配置不合理的现状。

5. 孕产妇死亡率、低出生体重儿百分比、围产儿死亡率、新生儿死亡率、婴儿死亡率不太稳定

2015年,广州市孕产妇死亡率为8.4/10万、低出生体重儿百分比为5.8%、围产儿死亡率4.1‰、新生儿死亡率1.7‰、婴儿死亡率2.8‰;2016年,广州市孕产妇死亡率为11.54/10万、低出生体重儿百分比为5.86%、围产儿死亡率4.03‰、新生儿死亡率1.38‰、婴儿死亡率2.30‰;2017年,广州市孕产妇死亡率为9.29/10万、低出生体重儿百分比为5.29%、围产儿死亡率3.74‰、新生儿死亡率1.44‰、婴儿死亡率2.37‰(见表4-4)。以上各项指标中,仅有围产儿死亡率呈逐年下降趋势,而孕产妇死亡率、低出生体重儿百分比、新生儿死亡率、婴儿死亡率这几项指标近年来上下浮动,并不稳定。

表4-4　2015—2017年广州市孕产妇死亡率、低出生体重儿百分比、围产儿死亡率、新生儿死亡率、婴儿死亡率

年份	孕产妇死亡率（1/10万）	低出生体重儿百分比（%）	围产儿死亡率（‰）	新生儿死亡率（‰）	婴儿死亡率（‰）
2015	8.4	5.8	4.1	1.7	2.8
2016	11.54	5.86	4.03	1.38	2.30
2017	9.29	5.29	3.74	1.44	2.37

数据来源：2015、2016、2017年《广东省卫生和计划生育统计年鉴》。

6. 医患关系更为紧张

产科是医疗行业内外公认的高风险临床科室之一，事故发生率和医疗纠纷率较高。随着二孩政策的出台，产科高危产妇人数持续增多，高龄产妇、瘢痕子宫再次妊娠产妇比例明显增加，增加了妊娠合并症及相关并发症发生率，护理风险增加，从而增加了医疗纠纷隐患。其中，第一胎选择剖宫产的女性，术后子宫会存在纤维组织代替的疤痕，其拉伸能力较正常子宫显著降低，女性再次怀孕时，组织拉伸易引起子宫破裂、出血等危重并发症。当胚胎着床的部位位于子宫的下部时，易引发胎盘前置状况的出现。子宫疤痕位置的功能层变薄、被破坏、受损，当胎盘在该部位进行着床后，不能获得充足的营养供给，而胎儿为了得到更多的营养满足自身发育的需求，将逐渐植入基底层，从而引发胎盘粘连的出现，如果胎儿植入基底层的距离过大，甚至可能导致胎盘植入的出现，引起产后大出血，危及母体及胎儿安全，增加产科护理风险。然而，大部分医院较少建立起有实际效用的医患关系管理系统，无法将患者及其家属的意见有效收集、分析和解决，以提升服务品质。产科疾病发病急，病情发展快，如救治不及时易危及母婴安全，医患纠纷发生率高，医患关系变得更为敏感、紧张，矛盾加剧。当前，民众的文化素质与法律意识已有很大提高，自我保护意识不断加强，对医疗技术和服务水平的要求不断提高，当患者的个体化、多样化的医疗需求得不到满足，就有可能引发纠纷，这给产科的生存与发展带来了考验。

7. 孕妇学校的上课率有待提高

孕期培训方面，目前为了满足育龄妇女孕期需求、帮助孕妇了解孕期保健知识以顺利生产，医院妇产科大多开设了孕妇学校，并免费向在本医院建档的孕妇开放。由于医院的不同，开课的时间也是不同的，有的医院一周上一次课，有的医院一个月上一次课。虽然在产检时孕妇被告知应该按时上孕妇学校，所有课程是不收取任何费用的，但来听课的孕妇并不多，可能是由于课程的时间和上班的时间冲突或是课程本身的吸引力不强。如果遇到天气不好的时候，人数会更少甚至只有几个人上课，但医院也会照常开课，不能保证听课人数也减弱了医院开设孕期课程的热情。由于开课时间大多都在周一到周五之间，在怀孕早中期，孕妇们大都还在工作岗位上，所以，不能抽出时间上课。医务人员平时的工作非常繁忙，没有足够的时间备课，也较难用周末时间为孕妇上课，从上课内容和上课时间方面都无法保障孕妇的上课率。上课的人中有不少是刚好来产检顺便听，专程听的很少，很多孕妇都因工作忙而没时间听课。而社区的孕期教育课程则时间不固定，少则一个月一次，多则几个月一次，不能满足孕妇孕期的变化和需求。此外，还有私立医院和私营的孕期保健机构，这些机构的孕期指导课程内容丰富，时间相对灵活，但费用却非常高。

8. 产后访视等专业服务流于形式，生育医疗服务有待加强

目前，很多医院存在重医疗、轻服务，缺乏个性化和人性化服务；存在重孕期医疗，如孕期检查、产前检查、住院分娩等环节，轻备孕宣教、孕后访视等环节的情况，生育全程服务链不够完善，服务水准有待加强。由于专业人才缺失和管理不到位等，除了建档、出生缺陷预防、住院分娩率等一些硬性考核指标执行相对规范以外，很多医院对于母乳喂养、性保健、产褥期健康管理、新生儿访视等具体项目都还停留在表面，产后访视等工作流于形式。部分医院通过电话了解产妇的产后近况，但无法给予健康检查和健康教育，许多育龄妇女曾经在产褥期有不适的症状和体征，而且产妇面对不适的症状和体征时缺乏主动求医行为。部分医院患者多、人流量大，加之医疗环境陈旧和就医流程不合理，造成就医环境和秩序上的混乱，整体服务水平不高。在医院层面，长期以来重视医疗技术水平而忽视服务质量，对于医疗服务的理解仍然停留于服务态度，忽视患者个性

化、人性化的服务需求。产褥期是产妇和新生儿死亡发生较多的重要时期，保障育龄妇女和新生儿的产褥期健康至关重要，进一步完善生育全程服务链，意义重大。

（五）产检和分娩医疗资源利用的对策建议

广州市人口众多，还具有很强的流动性。产检和分娩资源相对水平高、服务好，对周边的吸引力较大。现有的产检和分娩资源，不仅要为户籍人口服务，还要为非户籍的常住人口服务；不仅如此，还要为许多来自周边的非常住人口服务。可见，现有的资源压力较大。为了认真做好实施全面两孩生育政策的落实工作，对全市产检和分娩医疗资源进行充分、合理、有效利用，特提出以下对策建议，供决策部门参考。

1. 做好产检和分娩服务的应对工作

伴随全面两孩政策的实施，在产检和分娩服务方面，应做好以下四项准备工作：①要加强基层计划生育和卫生服务机构建设，做好相应的技术准备，以有效应对取环手术、高龄产妇、产期检查、孕早期检查等妇幼保健资源等需求量的增加。②要积极推进计划生育服务管理体制机制改革，优化配置医疗卫生和计划生育服务资源，进一步优化妇幼健康服务机构布局，着力提升妇幼健康服务水平和能力。③应摸清妇幼健康服务资源底数，准确掌握产科、儿科床位数和医护人员数，做好资源调配预案，有效应对服务资源紧张状况，防止出现"一床难求""一号难求"等现象。④要落实国家基本项目的计划生育免费技术服务，扎实做好免费婚前医学检查、孕前优生健康检查、产前诊断和新生儿疾病筛查等工作，努力提高出生人口素质。

2. 强化生育政策调整的风险防控

风险防控并非某个特定时期的，应对全面两孩生育政策的调整实施实时、动态、全覆盖防控。当前，应重点做好以下三个方面的工作：①要通过宣传教育、利益导向等方式倡导合理的生育间隔，平抑出生结构性波动，避免对医疗等公共资源配置产生严重不利影响。②要健全人口监控和预警机制，加强出生人口信息的分析和预测研判，确保出生人口预报预警及时、准确。③要充分运用预报预警结果，积极引导群众自觉调节生育行为，按政策生育，避免出生人口过度堆积，减轻生育政策调整对社会公共资源的压力。

3. 优化整合各级妇幼保健和计划生育技术服务资源

加强妇幼保健和计划生育技术服务工作，是眼下重大的民生事业。应从以下四个方面努力优化整合各级妇幼保健和计划生育技术服务资源，确保妇幼健康服务得到加强：①要贯彻落实《中国妇女儿童发展纲要（2011—2020年）》《广东省妇女儿童发展规划（2011—2020）》和《广州市妇女儿童发展规划（2011—2020）》，强化政府责任，突出公益性质，实现妇幼保健机构和计划生育技术服务机构的资源整合，共建共享。②要实施妇幼健康优质服务示范工程，市妇幼健康服务机构应按照规划建设，力争所有区级妇幼健康服务机构达到规定水平。③要加强医疗卫生机构产科建设，在资源分配方面对妇产科、妇幼保健和计划生育服务等岗位给予政策倾斜。④协调区域医疗资源配置，推进产检分娩医疗资源下沉到新城区，如增城区、从化区等，优化整合老城区的医疗资源，鼓励单体规模过大的医院在新城区建立分院，分流优质医疗资源。

4. 建立健全出生缺陷综合防控体系

为加大出生缺陷防治力度，提高出生人口素质，应建立健全出生缺陷综合防控体系。全面实施出生缺陷综合防控项目，降低出生缺陷发生率，应做好以下三个方面的工作：①要加强出生缺陷防治知识的宣传教育工作。各级助产机构要在孕妇学校、新婚学校等常规妇幼保健健康教育课程中，积极宣传出生缺陷防控知识，开展形式多样的、群众喜闻乐见的、深入基层的出生缺陷防控健康教育和健康促进活动，努力提高广大群众出生缺陷防治知识的知晓率。②要加强出生缺陷防控科研工作。每年开展若干项出生缺陷干预科研课题，对高发出生缺陷的现状和防控技术进行深入研究，为出生缺陷防控策略、政策的制定提供及时、科学的依据。③要完善出生缺陷信息管理机制。通过电子健康档案与区域信息平台相结合，实现筛查服务、随访管理、转诊会诊、绩效评价等的综合信息管理，采集和分析出生缺陷防控项目监测数据，对出生缺陷流行趋势的动态预测和预警提供信息支持。

5. 促进产检分娩基本公共服务均等化

当前工作的一个难点，就是缩小城乡、区域和不同人群之间的服务差距，落实流动人口产检分娩的基本公共卫生服务。广州市卫生计生部门应协同市来穗人员服务管理部门，努力做好以下三个方面的工作：①要继续实施基本公共卫生服务和重大公共卫生服务项目，逐步提高人均基本产检分娩公共卫生服务经费标准，积极拓展服务内容，深化服务内涵。②要加强教育，为流动人口家庭提供人口信息和产检分娩等生殖健康知识，指导选择生育计划、避孕节育、优生优育，为符合条件生育的个人和家庭自主安排生育提供知识基础。③要加强产检分娩公共卫生服务项目绩效考核，强化资金管理和使用，努力提高服务可及性和均等化水平。

6. 加强产检分娩人才培养和质量提升工作

人才资源是第一资源，加快产科人才培养，全面提升产检分娩人才质量，可以从以下三个方面着手：①要根据省医疗卫生高地建设的要求，着力提升全市产检分娩人员的专业等级和技术水平，提高产检分娩人员的人文素养。通过引进和培养等方式，逐步提高全市产检分娩高级人才比例，以满足市民的服务需求。②要提高产检分娩人员工作积极性。在推进医改工作中，按照产检工作的专业特性，鼓励医疗机构建立和完善激励约束机制，探索实行按需设岗、按岗聘用、合同管理、能上能下、能进能出的人事管理制度。同时，还要不断完善收入分配激励机制，充分调动产检分娩医务人员的积极性。③要继续推广产检分娩临床路径，针对一个疾病建立一整套标准化的治疗模式、治疗程序，进一步规范医疗行为，不断提高产检分娩服务的质量。

当然，随着时间的推移，育龄人口数量可能减少，大规模的投资建设将面临服务对象流失、服务需求不旺、资源配置不当和浪费风险性较大等现象。为更好地推动广州地区实施全面两孩政策，更好地优化配置医疗资源，避免产检和分娩相关设施大规模的投资和建设造成医疗资源的浪费风险，建议在常规的预防接种、孕产妇健康管理等基础上，加强在预防、保健、教育、咨询、宣传、辅导、评估等方面的临床外探索工作，进行长期、渐进的实时跟踪调整，从而提高广州地区育龄人群和婴幼儿健康管理水平，节约和高效优化配置产检和分娩医疗资源，提高广州地区育龄人群和婴幼儿的健康水平。

四、广州市海珠区家庭公共服务存在的问题及出路

人口计生行政机构的合并和生育政策的调整，要求计划生育服务管理必须回归常态，不再突出特殊政策、特殊手段的思路和做法，而应开辟新的工作平台，寻找新的工作抓手，从关注个人的生育行为转向关注家庭的全面发展。当前的人口计生服务管理工作处于非常重要的转折时期。之前，为切实促进家庭幸福和谐，建立健全家庭发展政策，国家卫计委成立了"计划生育家庭发展司"，全国部分地区也围绕新时期新形势下家庭发展的需求相继开展了系统性的家庭发展工程。

广州市海珠区多年来强调"幸福家庭促进计划"对人口计生工作的带动作用，打造出一批具有现代城市特色的生殖健康及家庭服务品牌，满足了社区群众个性化的新需求，树立了人口计生的新形象。原国家卫计委主任李斌对海珠区率先推进幸福家庭促进计划、创新流动人口服务管理模式取得的成效给予了高度评价，海珠区的做法为全国提供了一个城市社区提升人口计生工作水平的工作模式，值得各地借鉴。

（一）海珠区幸福家庭促进计划的基本内容

海珠区位于广州市的南部，是广州市迅速发展的新型城区，下辖18个行政街，现有户籍人口约100万，流动人口约75万。2009年，广州市海珠区正式启动为期5年（2009—2013年）的幸福家庭促进计划。2010年，海珠区以区政府的名义印发"海珠区幸福家庭促进计划工作实施方案的通知"，确立了由政府购买中介组织的服务向社会提供的基本工作思路。同时，成立以计划生育部门为牵头单位的组织协调小组：组长由主管副区长担任，副组长由区人口计生局局长担任，党、政、群15个部门为成员单位。领导小组下设项目工作办公室，办公室主任由区人口计生局副局长担任，区人口计生服务站负责日常组织协调工作。

广州市海珠区的幸福家庭促进计划围绕"甜蜜婚姻行动""健康宝贝行动""快乐花季行动""性福关怀行动""老龄关爱行动""温暖扶助行动"这六大行动展开，提供了从婴幼儿、青少年、婚恋、孕产前后到老年的人口生命周期全程式服务。在实践中，18条街道基于六大行动，因街制宜，紧密结合街道自身的人口与社会特点，将有限的公共资源用于各自街道所需要服务的主要关节点上，形成了"一街一品"的差异化幸福家庭促进计划的服务供给体系。现在的海珠区，每个街道都有自己的人口文化品牌，每个社区都有自己的生育和家庭服务阵地。

（二）海珠区幸福家庭促进计划的具体实施

按照人口经济社会特征的差异性，可将广州市海珠区18条街道的计生家庭公共服务体系划分成以下三大类。

1. 城乡接合类

包括官洲街、江海街等。这类街道地处城乡接合部，外来人口多。该类街道推进计划的重点是兼顾城市家庭和农村家庭设立服务内容，并强调本地人口与外来人口公共服务的均等化。例如，官洲街积极开展一对一帮困互助活动，对患重病的群众进行帮扶。几年来，独生子女父母奖励落实率达100%，独生子女死亡伤残家庭扶助率达100%，独生子女保健费发放率达100%，独生子女综合保险参保率达80%以上。同时，按照分类指导的基本原则，以群众的需求为出发点，将各类型家庭纳入目标人群，为不同阶层、不同发展阶段的家庭提供符合其需求的分类服务，有计划、有针对性地向家庭提供婴幼期、青春期、新婚期、避孕节育期、围绝经期等家庭生殖保健的宣传、咨询和系列相关服务，努力为新海珠区人提供幸福的家庭港湾。

2. 商业楼盘型

如琶洲街、新港街等。该街道新建商业楼盘多，大量青年家庭迁入，育龄夫妇多，而且多数家庭人口素质较高、经济条件较好、对社区公共服务的要求较高。其主要推进的工作有：利用新建楼盘公建配套的机会，建设一批幸福家庭促进计划的社区公共服务示范阵地。例如，琶洲街的会展经济区，辖内知名企业和高尚住宅区越来越多，女性白领阶层已成为街道人口计生部门关怀服务的重点对象，于是，街道在雅郡花园试点，筹建了融服务、健康、休闲为一体的女性幸福会所，把妇女的生育健康、生殖健康、生活健康都纳入其中，全方位为妇女打造贴心的私密空间。沙园街的光大花园大型住宅小区，早在 2005 年就争取了开发商的支持，建立了幸福家庭俱乐部，之后不断拓宽服务功能和内涵，先后办起了亲子乐园、生命科学园、协会会员之家和人口文化书屋。

3. 老城区街道

有海幢街、素社街等。此种街道位于老城区，多历史保护建筑，年轻人多迁走，人口年龄结构老化。这类街道针对本类型街道的人口社会特征，重点推进以本街道老年人口及其孙辈为对象的公共服务。例如，海幢街福星馨苑幸福家庭促进中心于 2010 年启动，是全市首个街道关爱老年人的主题服务站。福星馨苑项目，总占地面积达 10120 平方米，包括功能区和社区敬老主题公园，专门用于计划生育空巢老人的日常康体娱乐，多方面为老人打造专属的温馨家园。素社街针对本社区跟随爷爷、奶奶生活的儿童较多的特点，设立了儿童课外辅导中心，并且成立了社区居家养老专业服务队和志愿者服务队，为无子女、无自理能力、无生活来源的"三无"老年人提供家居卫生、洗衣、煮饭、购物、访视、康复锻炼等服务。

（三）城市计划生育家庭公共服务存在的困境

1. 基层组织体系出现断层

调研表明，区级各部门之间沟通顺畅，但街道等基层单位之间却缺乏体制上的整合与协调，即欠缺像区级部门之间那样的组织体系，各个街道之间的协调只能建立在平时不同部门的相互关系上。这是一种十分不稳定的协调关系，极易致使组织体系出现断层。由此可见，在我国现有的体制下，仍存在部门本位的行政观念，这种部门本位既包括部门权力本位，又包括部门利益本位。由于部门本位的存在，导致在基层各部门之间本应齐抓共管共同做好幸福家庭促进计划工作，变异为各有关部门在项目选择和经费使用上均存在一定程度的自我中心和争夺资源取向，造成街道等基层单位间协调的障碍。

2. 服务内容多而泛,服务形式只停留在表层

城市计划生育家庭的公共服务计划以关注和服务人的生命全过程为特色,力图实现人口计生优质服务的全覆盖。但是,推进幸福家庭促进计划的时间短、无先进经验可借鉴,使得一些社区的服务内容和形式仍需更新与提升。随着街道人口、经济社会的快速转变,幸福家庭促进计划不只是要求简单的一种行为参与,关键要看群众参与的主动性如何,看参与的深度、广度如何,看参与过程中的交往情况、智力活动情况、情感体验情况如何,等等。但在调查中发现,群众参与率偏低,一些基层部门提供的某些服务内容较陈旧、多而泛,服务多流于形式,出现交叉重叠和一些领域的缺失等实际问题。

3. 对承担服务的社工机构的准入和评估机制不完善

当前社工机构蓬勃发展,但是,大多数社工机构的发展还面临成长缓慢、发展不平衡等问题。社工人手紧缺、流动性大、缺乏实践经验,致使社工服务鱼龙混杂,与日益增长的社会服务需求相比还存在较大差距。然而,政府购买服务的可操作化体系尚未建立,诸多政府服务购买方对于提供服务的社会组织参与竞标的准入条件监管不足,如没有对社工机构的资质、专业人员的数量和结构、资金使用状况、项目完成情况、服务综合满意率等方面进行具体明确的规定。加之,部分政府机关购买社工服务的程序并不规范,往往出现人情标、人情评估等恶性竞争,导致公共服务项目质量在源头就得不到保证。

(四) 幸福家庭促进计划的重构

改革完善计划生育服务管理是时代主旋律。当下,我国人口计生工作正在经历着前所未有的转型与发展。树立大人口观,需要宏观上统筹人口发展,中观上均等公共服务,微观上建设幸福家庭。全面两孩在幸福家庭的建设过程中,特别需要彰显政府的责任。

作为城市计划生育家庭公共服务模式的典范,广州市海珠区幸福家庭促进计划实施 3 年多来,运作良好。但如何进一步传承、发展,既契合民生需求，又体现时代精神，实现从以生殖健康为重点到以提高家庭发展能力为核心，从自上而下的宣传教育到自下而上的主动需求，需要从新的高度、新的层面调整定位、主动谋划。

1. 建议增加社工委为成员单位，将组织结构延展到街道层

幸福家庭促进计划内涵丰富，公共服务的具体内容多，尤其需要基层街道层面的计生、民政、妇联等部门的高度协调。所以，为了进一步推进幸福家庭促进计划工作，必须在不同层级建构统一、协调的组织体系，并建议增加社工委为成员单位，将上一级幸福家庭促进计划工作的组织结构延伸到街道层，使之从上到下形成一个具有更大整合力的幸福家庭促进计划工作组织体系。社工委既是党委工作部门，也是政府工作部门。在工作机制上，社工委能够发挥顶层设计的作用，主要负责研究和统筹处理家庭发展中的重大问题，规避宏观政策随着某个部门感觉走的状况。对于单个部门难以突破的瓶颈问题，委员会可以通过跨单位协调，整合各职能部门的资源，成员部门在委员会的决策和部门职责分工下，形成社会建设合力。社工委还可进一步组织追踪调研，及时发现存在的问题，总结和推广基层街道的经验，并督促各地各部门认真落实。

2. 浓缩幸福家庭促进计划，着重服务的精细化

充分继承已有成功经验，大胆借鉴国际理念，吸收省内外做法为我所用，对原有幸福家庭促进计划六大行动进行整合和浓缩。要求已有品牌项目的街道，继续推动幸福家庭示范基地向纵深发展，同时，加大力度推进未有品牌项目的街道努力整合资源，创新幸福家庭服务阵地建设，培育一批新型的示范基地。结合岭南文化，开发个性化服务，为有特殊需求的家庭提供专业治疗服务，切实打响项目品牌。项目的设计既要考虑到服务对象的需求，又要重点突出，着眼于解决服务对象当下急需解决的问题。在服务的个性化和精细化上做文章，在项目运作过程中，逐步完善项目要求，创新服务方式，优化服务内容。对于舆论和服务对象反映好、适合长期发展的项目，在条件成熟的情况下，将其作为常态化服务项目纳入政府公共服务体系。

3. 设计一套系统化的城市计划生育家庭的公共服务规范和指南

在机构改革和职能转变的背景下，在没有能力提供大包大揽式的公共服务条件下，政府机构通过购买等方式，借助各种社会组织替其发挥社会服务功能，这是现在和未来城市社区服务建设的一个核心思路。因此，为了使社会组织能保质保量地顺利开展服务工作，急需研究制定《城市计划生育家庭公共服务管理规范》，建立一个标准化的城市计生家庭公共服务的准入和评估方案，指导实施部门进行相关策划和运作。具体而言，现今的主要任务是设计一套系统化的城市计生家庭服务规范和指南，针对每个项目提出服务标准，包括服务体系和原则、服务内容和实施重点、服务目标和效果等，并在此基础上，建构出相应的社工机构准入和服务质量评估的指标。指标设计要同时考虑主客观指标，并注重时效性、可操作性及易获得性。

五、生育救助制度的现状及干预

生育行为是具备一定生育权利和行为能力的自然人孕育和生产后代并对结果承担法律责任的社会活动或关系，是人类繁衍后代、延续种族的人口再生产行为。它不仅具有自然属性，而且具有社会属性。社会属性是生育行为最本质的属性。生育行为不仅关系到公民自身的发展，也关系到后代幸福、夫妻感情、家庭美满，更关系到民族繁荣、国家昌盛和社会进步。人类的生育领域，有着不同于其他社会领域的显著特征，人类在自身的生产和再生产过程中实现个人的全面发展和健康后代的繁衍。

生育救助是指地方政府建立生育救助基金，支付无权享受生育保险待遇的贫困孕产妇的生育医疗费用的一种社会保障制度。生育救助制度是切实保障贫困孕产妇的基本医疗需求的重大举措。

（一）生育救助政策和实务的现状

生育保障在我国主要是以生育保险作为制度安排的，由于现行生育保险制度覆盖面窄和实施程度不足等，许多城镇失业妇女没有享受到生育保险待遇，农村户籍的妇女被排除在外。综观各地区生育保险的规定，存在着政府重视程度不够、社会理解各异、学界关注不多、实际享受人群少、保障水平不高等问题。所以，从整体看，生育保险其实还是职工生育保险，这也表明生育保险还是少数人群的福利。在现代社会，生育绝不仅是家庭的事情，更是国家人口竞争力的体现，生育救助理应得到同样的重视、研究并完善。在中国期刊网上搜索"生育救助"关键词，涉及的文献主要是指计划生育救助，即对实施计划生育的家庭失独、生病、贫困等进行的救助，但计划生育救助并不是社会保障领域中的生育救助的概念和含义。

目前，有关生育救助的政策已经出台的还不多。《中华人民共和国妇女权益保障法》第四章"劳动和社会保障权益"中第二十八条指出：国家发展社会保险、社会救助、社会福利和医疗卫生事业，保障妇女享有社会保险、社会救助、社会福利和卫生保健等权益。国家提倡和鼓励为帮助妇女开展的社会公益活动。第二十九条指出：国家推行生育保险制度，建立健全与生育相关的其他保障制度。地方各级人民政府和有关部门应当按照有关规定为贫困妇女提供必要的生育救助。"地方各级人民政府"是指省级人民政府，副省级人民政府，地区级人民政府，县级人民政府，乡、镇级人民政府；"有关部门"主要是指民政部门、卫生部门、财政部门、计划生育部门、妇联组织等；"有关规定"是指国家、地方制定的生育救助方面的政策；"必要"的生育救助，即保障贫困妇女在生育中得到最基本的生育医疗条件、生育指导和最低生活帮助。随着修改后的妇女权益保障法的实施，有些地方政府关于贫困妇女的生育救助也陆续出台了一些具体的举措，通过民政救济对无生活来源的孕、产妇女实施生育救助，并将这项制度纳入城市居民最低生活保障制度。例如，2005年1月，《北京市贫困孕产妇生育救助暂行办法》明确规定了救助对象、救助项目、救助标准、救助程序、救助资金和救助职责六个方面，以切实保障贫困孕产妇的基本医疗需求，保障母婴平安，维护广大妇女儿童的生存健康权益；为切实做好贫困孕产妇和新生儿危急重症的救助工作，保障孕产妇和新生儿生命安全，进一步缓解群众因病致贫问题，《江津区贫困孕产妇和新生儿危急重症专项救助管理办法（试行）》于2016年6月20日经该区政府常务会议审议通过，并于2016年7月1日正式实施。近年来，有些计划生育部门与保险公司联合开办的母婴健康平安保险、工会组织举办的职工互助补充保险生育项目等,也起到了追加生育待遇和拾遗补阙的作用,发展前景看好。《中国妇女发展纲要(2011—2020年)》提出,到2020年,争取孕产妇系统管理率达到85%以上,全国孕产妇住院分娩率达到98%以上,农村孕产妇住院分娩率达到96%以上。落实农村孕产妇住院分娩补助政策。为孕产妇提供必要的心理指导和健康教育,普及自然分娩知识,帮助其科学选择分娩方式,控制剖宫产率。为孕前、孕产期和哺乳期妇女等重点人群提供有针对性的营养指导和干预。

虽然学术界缺少生育救助的研究,但实务部门并不缺少生育救助方面的尝试。从目前已经实施的各项目看,生育救助的主体有民政部门、卫生和计划生育部门,还有其他社会组织等。国家层面的相关救助主要是通过项目的形式实施,主要的几个救助项目包括:降低孕产妇死亡率和消除新生儿破伤风项目、农村孕产妇住院分娩补助项目、贫困地区儿童营养改善项目、贫困地区新生儿疾病筛查项目。有些地方已经尝试和正在开展生育救助制度,例如:

(1)北京市《贫困孕产妇生育救助暂行办法(2005)》,由民政局、卫生局联合发布,对享受本市城乡居民最低生活保障待遇,并有本市计划生育部门出具的生育服务证明的孕产妇,自孕期检查12周至产后42天内在指定的医疗机构中进行产前检查、住院分娩所发生的药费、检查费、诊疗费、床位费、输血费、材料费、手术费等给予救助。孕产妇先垫付后报销,检查费支付额度不超过1200元,正常住院分娩救助不超过2600元,剖宫产住院支付额度不超过4200元(以上费用将随本市实际医疗费用的变化适时调整)。经生育救助后,因怀孕合并其他疾病,全年个人负担累计超过500元(不含)以上部分,可按本市城乡特困人员医疗救助暂行办法的有关规定申请救助。

(2)深圳福田区从2005年起建立了贫困孕产妇住院分娩救助"扶贫通道",凡是居住在辖区的贫困孕产妇均可以申请救助基金。该基金由区财政出资提供,按贫困孕产妇住院分娩单胎顺产、剖宫产临床路径,对贫困孕产妇住院分娩费用采用总额包干制,解决贫困孕产妇住院贵、住院难问题。据介绍,顺产的孕产妇只要支付800元费用,剖宫产只要支付1200

元费用，就可以顺利到区属各产科医院分娩，而这两项服务的基本收费是2200元和3200元。福田区对辖区贫困孕产妇的救助实行总额包干，在基本收费范围内，其他费用由区财政补贴。值得一提的是，针对患有心脏病、高血压等疾病的高危孕产妇，救助基金对其资助上不封顶。

（3）青岛市四方区2006年颁布《关于建立特困计划生育家庭生育救助制度的意见》，2006年1月1日，区常住人口、享受最低城保、外来人口一年以上、合法生育且家庭人均收入不足300元的目标人群生育子女给予一次性600元的现金救助。2011年4月，覆盖到流动人口，可享受计划生育技术服务和免费生殖健康查体服务、免费孕前优生健康检查等服务。

（4）2006年，福建省福鼎市人民政府下发《福鼎市贫困孕产妇生育救助工作方案的通知》，其救助的对象是：民政部门核定的正在领取最低生活保障金家庭的孕产妇，包括计划生育及流动人口的孕产妇；贫困危重孕产妇，如危及生命的妊娠合并心、肝、肾疾病及重度妊娠高血压综合征、产科大出血、羊水栓塞等疾病。救助的项目和标准是：救助对象住院分娩平产、难产、剖宫产和贫困危重孕产妇的各类规定补助费用最多不超过300~1000元不等，用于补助有困难的贫困孕产妇。

（5）2007年3月11日，郑州市金水区委、区政府，郑州市红十字会联合金水区人民医院，启动了"博爱托起明天的太阳——为低保孕妇实行围保、分娩、计划免疫、儿童保健全免费救助活动"，救助活动截至2008年年底。郑州的贫困家庭孕产妇到金水区人民医院，从围产保健到分娩，以及新生儿的计划免疫接种全免费。活动期间，只要持有郑州市民政局颁发的"低保证"，低保家庭的孕妇、郑州特困的农民家庭孕妇，以及外来务工人员中生活困难需要救助的孕妇，都可以接受这项救助。

（6）2008年，重庆市渝中区对辖区贫困孕产妇实施救助。得到救助须符合三个条件：渝中区户籍、有计划生育指标、持《城市居民最低生活保障证》。符合条件的申请者只需持由渝中区妇幼保健所发放的《重庆渝中区公共卫生服务券》，到渝中区辖区范围内包括大坪医院、重庆医科大学附属第一医院、重庆医科大学附属第二医院、市妇幼保健院等9家具有母婴保健技术服务资质的医院中的任一家，进行产前保健和住院分娩，即可享受政府提供的一次性补助。其中，产前保健补助标准为：救助对象完成不少于5次产前检查（必须含一次早孕检查），由政府一次性补助300元；未完成规定保健次数者，按60元/次救助。住院分娩补助标准为：正常产一次性补助2000元，剖宫产一次性补助3500元。按此标准，每名贫困孕产妇最高可领到3800元生育救助金。

(7) 2011年1月1日起，辽宁省葫芦岛市贫困孕产妇将获得生育救助，限额标准为：正常产800元，剖宫产2000元。对正在享受城市低保边缘户待遇孕产妇的救助标准按城市低保户救助标准的50%救助。参加本市城镇职工基本医疗保险及生育保险的贫困孕产妇不在救助范围内。

(8) 2016年7月1日，重庆市江津区正式实施的《江津区贫困孕产妇和新生儿危急重症专项救助管理办法（试行）》指出：凡持有江津区常住户口或与该区居民结婚，夫妻为低保对象或建卡贫困对象的孕产妇和新生儿（从怀孕至产后28天内）出现并发症，经区救治中心（区中心医院、区妇幼保健院）确诊为危急重症，并实施救治者可申请救助。该办法中的贫困孕产妇危急重症主要是指：凶险性前置胎盘、子痫、各类心肌病、心脏病心功能Ⅲ—Ⅵ级、危及生命的恶性肿瘤、羊水栓塞、产后大出血等产科并发症。贫困新生儿危急重症主要是指：新生儿肺炎、缺氧缺血性脑病、化脓性脑膜炎、新生儿败血症、病理性黄疸、先天性畸形等新生儿并发症。该办法规定，根据救治发生的费用按现行医保政策报销，对扣除医保报销、商业保险赔付、社会救助后的个人自付金额实行限额救助。其中：低保对象自付金额超过5000元的，自付部分一律按50%比例救助。建卡贫困对象自付金额在5000～10000元的，自付部分按20%比例救助；自付金额在10001～20000元的，自付部分按30%比例救助；自付金额在20001～30000元的，自付部分按40%比例救助；自付金额在30000元以上者，自付部分按50%比例救助。每名对象只能享受一次救助，救助金额最高为50000元。

从现有情况看，能否得到生育救助主要取决于以下几个条件：户籍、符合计划生育政策、低保或者特困家庭、现金救助。贫困导致生育风险以及生育加剧贫困是客观存在且无法忽视的，因此，对贫困孕产妇的救助是必要的。

（二）生育救助存在的困境

当前，我国的生育救助主要存在以下困境。

1. 生育救助法律上的缺失，致使我国生育救助工作的短期效应明显

一方面，我国相关法律制度尚不健全，针对生育救助制度的法律措施尚未落到实处，目前出台了相关救助政策，但是却没有真正意义上建立针对生育的社会救助立法制度，生育救助无法实现有法可依的局面，无法真正满足生育救助现状。当前的生育救助政策和措施缺乏系统性、连续性和制度性，多是一些临时性的举措，救助能力和范围极其有限。另一方面，由于政府财政的巨大压力，政府财政完全支持救助存在的一定的困难。政府财政收入与财政支出的固定性使得政府财政余额具有稳定性，建立长短期生育救助体系，会给政府财政带来巨大的压力，因此，从政府角度考虑，大部分时候只能实行一次性的生育救助措施。另外，社会灾难的突发性也成为建立长久有效生育救助体系的一大难题，灾难突发性与偶发性，以及区域局限性等因素的存在，导致政府无法及时得到信息反馈，从而导致未能建立长久有效的生育救助体系。

2. 公民对生育救助的态度存在偏失

通常而言，公民意识主要体现在以下三个方面：一是公民的主体意识，即公民作为与国家对应的概念，公民应当具有被充分肯定和保障的法律资格以及尊严；二是公民的权利与义务意识，即公民除了享有国家法定的权利外，还要履行与之相匹配的义务；三是社会责任意识，即公民对他人、对社会承担着相应的责任。一直以来，我国公民观念认识上存在不足与偏差，社会公众的公民意识不足。一则生育救助公开透明度不高，公民对其了解不深入，对公民的权利本位认识不到位，并未形成生育救助是公民的一项权利的意识。二则社会上也存在着不尊重受助者的现象，从而使得部分受助者出现自尊心严重受挫的现象。这种受助的理念，不仅严重影响了当前社会针对生育的救助工作，也给社会稳定与和谐带来了极大的不利因素。三则当前中国公民有了一定的权利义务意识，但仍存在着漠视社会公共事务，对平等、自由、法治的价值观不够认同，以及消极参与社会公共活动等现象，表现为公民慈善捐助的积极性不高，力度不强，这直接影响着生育救助的资金来源，进而无助于生育救助行为的开展。

3. 我国生育救助制度存在滞后性，导致受助对象无法及时获得生育救助

这主要是由社会制度的滞后性导致的，在面临突发事件或重大灾难的情况下，政府或社会机构，尤其是政府救助有很多审批等程序，若想获得政府救助，必须经历材料填写、递交申请、机构审批、政府确认、发放救助等过程，繁复的审核以及审批流程，不仅浪费巨大的人力物力，而且使得受助对象无法及时获得救助。在生育救助的过程中，信息滞后和政府救助流程的冗繁，这是历来的流弊，无法一下根除。目前，我国政府机构虽说进行了极大的精简，但是依然存在机构冗余的情况。

4. 生育救助项目分散，政府部门之间缺乏高效的协同救助

当前不同的政府机构分管着不同的生育救助项目。从政府的层级看，既有中央政府，也有省政府、市政府与县政府，不同级别的政府在生育救助事务的财权与事权方面存在着差异。从具体的参与生育救助的政府部门看，有民政部门、卫计委部门等，甚至也包括残联、工会等群众组织。多头领导的情况时有发生，一方面计生局进行审核，另一方面民政局针对救助进行审核与派发，多个机构同时对一件事情进行审核，最终可能导致政府生育救助不及时。理论上而言，多个政府部门共同参与生育救助，能发挥各个部门的物质或资金资源优势、人为资源优势等，但从救助实际看，这种部门多元、分割的救助体制，致使救助政策的分割和救助资源的分化，造成无法编织成严密的生育救助网络，也造成生育救助的不公平与救助资源的低效使用。

5. 社会组织的自身公信力问题，影响着公众对社会组织生育救助行为的认可

现阶段，从中国社会组织的身份属性看，大致可分为具有官方色彩的社会组织和具有民间草根性质的社会组织。就具有官方色彩的社会组织而言，如中国红十字会、中华慈善总会、中国残疾人联合会等机构，它们通常能够获得国家的政策扶持和财政拨款，并能凭借其强大的社会网络以及遍及地方的分支机构，获得较多的社会捐赠。不可否认的是，由于当前有的官办社会组织的自律性不强,加上外部监管机制的不完善甚或缺失,致使公众所捐善款被挪作他用,甚至出现中饱私囊的现象。另外,有的官办社会组织是向上级主管部门负责,公众所捐善款就成了政府可资利用的资源,而不是根据公众的需求分配资源。这两种现象的存在,在很大程度上造成了官办社会组织的公信力不强,以致影响公众对整个社会组织的信任度,从而降低了公众投身慈善捐助的积极性。而草根性质的社会组织一般面临着资金来源不稳定或资金匮乏,以及人力资源欠缺或素质不高等问题,这些问题无疑严重地影响着草根性质的社会组织的救助效果,也使人们对其职能产生怀疑。

(三)促进我国生育救助制度发展的对策建议

在研究相关理论和总结相关经验的基础上,结合发达国家生育救助带来的启示,提出以下六点政策建议,以期能够推进我国生育救助的精准化程度,促进我国生育救助制度的发展。

1. 加快生育救助立法,完善生育救助法律体系

中国的生育救助工作是从摸索中一步一步走过来的,与我国改革过程中的"摸着石头过河"相类似,并没有与这一制度紧密相随、进行配套的法律。因此,在我国的生育救助中,无论是一般性原则还是具体的操作内容,都没有统一的解释。对它们的理解和执行带有很大的主观性和随意性。当前,我国关于社会救助方面的法律法规主要就是《社会救助暂行办法》和最低生活保障方面的两部行政法规。这在一定程度上体现了我国进行社会救助立法的尝试,但是这还远远不够。生育救助关系到政府的基本责任与国民的基本权利,没有法律的严格规范,制度运行就缺乏权威的依据。立法滞后虽然有客观原因,但重启立法进程却是深化生育救助改革的需要。特别是在全面推进依法治国的时代背景下,一项关系政府基本责任与国民基本权利的重要制度没有法律的保障与规范,显然不能真正提供稳定的安全预期,更容易导致实践中被扭曲的现象发生,还无法对违法者进行惩治。为了更好地促进我国生育救助制度的发展,国家应尽快出台基础性的生育救助法,健全法制,对从理念到具体落实方面的一系列问题做出

明确的规定，为我国生育救助制度的发展提供明确的指示。此外，还应该出台与生育救助制度相配套的法律和法规，构建一个完整、完备、完善的社会救助法律体系，从而促进生育救助法律保障的精准化，促进我国生育救助制度的发展和规范运行。

2. 实行生育救助对象的分类施保和动态管理，并建立相应的激励机制

需要改变过去传统的救助对象识别办法、退出机制与待遇给付机制。在救助对象的识别方面，应该改变过去消极、被动的做法，建立积极、主动识别机制，实现应救尽救、精准救助。既要实现应救尽救，也要实现应退尽退，防止救助依赖与救助陷阱。在救助资格的确定上，要坚持动态管理的原则，即对纳入救助范围的，要根据收入变化适时调整保障水平，对已不符合救助条件的和生活境遇急转且符合了救助标准的要及时更新，动态掌握救助资格，这样来保证救助制度是去救助真正贫困的对象。救助待遇给付水平应该遵循需求导向按需施救，而不是固定待遇给付。尤其是对于边缘救助对象，应该通过增强生育救助制度的激励性，使其主动脱离受救助的队伍。此外，随着生育救助的不断发展，应该逐步从生存型救助走向发展型救助，生育救助与相关制度联动，并建立相应的激励机制，增强救助的积极性与主动性。一方面，生育救助需要与生育保险、生育福利乃至慈善事业、商业保险有机配合，在尊重各自规律和职能的条件下尽可能统筹规划、同步发展。如应该通过相应的制度设计和政策支持，促进有劳动能力的救助对象通过就业参加生育保险，或者通过财政补贴帮助受救助对象参与生育保险。另一方面，还需要有激励机制，以避免生育救助形成贫困陷阱。一些国家和我国香港特区普遍采取的受助对象就业创收可以申请一定的收入豁免就是有效的激励机制，因为只要劳动创造收益就能够改善生活，而不是现实中受助对象通过劳动所得被简单地抵扣了救助待遇。

3. 统筹推进资金救助、实物救助与服务救助，发挥生育救助体系综合扶持作用

当前，我国的生育救助形式主要是物质性的现金给付，而非物质性的服务提供则较少。向贫困群体提供生育救助服务，有助于满足受助对象的差异化需求，有助于促进生育救助的精准化，进而促进生育救助效果的提升。由于重物质轻服务的生育救助现实，当前我国的生育救助服务还有很大的发展空间。根据生育救助对象的需求差异,生育救助包括资金救助、实物救助、服务救助等类型和项目。随着生育救助体系的完善和救助水平的提高,应该积极推进服务救助的发展。生育救助的对象往往是一些贫困人口和弱势群体,他们不仅需要资金支持和物资提供,也有着迫切的服务需求。在资金救助和实物救助的基础上推进服务救助,有利于提高生育救助的效果。服务救助的发展有助于改善救助对象的健康状况与生活质量。服务救助的具体内容和方式,应该根据不同的对象需求来决定。生育救助服务主要包括生活帮扶、心理疏导、精神慰藉、资源链接、能力提升、生育融入等多样化、个性化服务,可归纳为三种类型:日常照顾型服务、能力发展型服务、支持融合型服务。由于生育救助服务的特殊性和专业性,应该培养大量专业化的生育救助服务人才,提高生育救助服务的专业化水平,改善生育救助服务的效果。应该整合生育救助服务资源,大力发展生育工作、志愿服务、社区服务,为不同人员提供不同类型的生育救助服务。可以通过政府购买服务的方式,充分利用民间生育救助服务资源,向生育组织购买救助服务,完善政府购买生育救助服务的体制机制。

4. 明确各级政府的生育救助职责,央地责任分担有序

在生育救助过程中,各级政府要明确自己的职责所在,进行分工与协作,提高生育救助的效率。如果职责不明确,则容易相互扯皮和推诿,严重影响到生育救助制度的施行。政府责任宜以保障困难群体的基本生活并维护底线公平为原则,在中央政府与地方政府之间,确定稳定的责任分担比例,可以使各级政府明了自己在生育救助方面的义务,从而能够有计划地组织财力。在生育救助资金筹集方面,各级政府应该本着财权与事权相匹配的原则,建立起合理的资金分担机制,明确各级政府所占的比例,绝不能再出现中央财政出资、地方政府不配套和少配套的现象。生育救助资金投入过少,会导致救助水平低、覆盖面窄、效果差等问题。因此,要努力增加生育救助资金的投入力度。各级政府要充分承担起自己在生育救助中的职责,做好救助资金的稳定筹集和发放。

5. 统筹生育救助管理部门,提高救助效率

目前,我国生育救助的管理部门众多,生育救助有时处于多头而无序的管理之中。生育救助工作除了由民政部门负责之外,卫生部等多个部门

也承担着部分生育救助的职责。但是在具体执行过程中，有时各部门之间缺乏联动机制，容易在执行过程中从本部门的利益出发，相互推诿，使救助效果大打折扣。因此，应该对生育救助的管理部门进行统筹管理。各级政府应该针对生育救助改革体制，完善机制。应当尽快改变多个部门分割的管理格局，取消部门协调机制，切实明确由民政部门集中管理生育救助事务，确保政出一门与公共资源统筹使用，相关部门按照各自职责予以协同配合。唯有集中监管，才能集中问责，才能确保制度安排变成能够兜住困难群体底线的牢固网络。同时，还应当推行专业化经办，代办制扭曲制度实践还无法惩治的现实，揭示了生育救助需要有专门的机构来实施。与其严格控制编制而让代办扭曲制度运行，不如建立专门救助机构专司其职，构建生育救助的统一管理平台，简化审批流程，缩短反应时间，为救助对象提供一站式服务，及时有效地进行救助。避免因为政出多头而导致的无序状态，提高生育救助水平，提高生育救助的效率，确保制度良性运行。

6. 拓宽生育救助资金来源渠道，健全资金监管制度

长期以来，生育救助资金所依靠的财政补贴并不能满足救助工作的需求，增加补贴又意味着加重政府负担。如果成立生育救助基金，委托专业性的资金管理公司运作基金，实现保值增值，并可持续利用增值部分为生育救助提供资金，建立一种有效的造血机制，则可以成为长期依靠的金融手段。此外，国家应倡导社会力量参与生育救助，如捐赠、设立帮扶项目、创办服务机构和提供志愿服务等多种方式。针对社会力量参与生育救助给予财政补贴、税收优惠以及费用减免等支持政策。政府向社会力量购买社会服务，通过委托、承包、采购等现代合同方式等，把便捷的、适当的生育救助服务转移给社会力量承担，这些都是用以缓解救助资金紧缺的有效机制。救助资金建议由民政部统管，加强财政、审计部门监督和社会监督，以保证救助资金的正当使用。具体而言：第一，建立廉洁高效的救助管理体系，财政和审计部门形成监督合力。负责救助的主管部门，积极调研关注救助对象的需求和救助物资的供给情况；财政和审计部门要严格把关救助资金的拨入与支出，做到专款专用、专户专用；民政部门还要和纪检、监察部门高度配合，跟进救助过程中违法违纪行为的追究机制。第二，确保生育救助在阳光下运行，接受社会各界的监督。按照政务公开的要求，及时向社会公布救助政策法规和救助项目、资金安排、救助程序等情况，提高救助工作的透明度。救助人员要认真听取群众的反馈意见，根据合理的建议对工作进行适度的调整。做到不仅接受群众的监督，更要集合群众的智慧来共同做好救助工作。

第五章 生育与就业

一、青年女性就业满意度的影响因素

考察青年女性对于自身就业的主观评价及影响因素具有相当大的理论意义和现实价值,因为在市场经济条件下,中国青年女性群体的就业满意度取向不仅对青年女性个人的生存与发展至关重要,而且与全体妇女就业地位的提高、整个劳动力资源的优化以及国家的经济发展和社会稳定密切相关。本节利用全国综合调查的数据资料,描述了青年女性的就业满意度现状,并通过多元回归模型发现和估计决定中国青年女性就业满意度的主要影响因素及其影响程度,最后在分析的基础上对提高青年女性的就业满意度问题提出针对性的意见。

(一) 以往研究评价

就业满意度一直是学术界关注的热点问题。在概念界定方面,霍普波克(Hoppock)是最早给出就业满意度定义的学者,他认为,就业满意度是个人对自己工作的直接感受,是一种对生理、心理和环境等各种因素感受的总和。在这之后,学者根据各自研究的出发点、对象、范围提出各不相同的定义,但学界普遍认同就业满意度是指个人在工作中获得的满足程度。

国内外关于就业满意度的研究主要集中在其影响因素上。国外对就业满意度影响因素的经典研究多在某个激励理论的背景下进行。泰勒(Taylor)在其科学管理理论中提出高报酬能提高满意度的观点;亚当斯

(Adams)的公平理论表明就业满意度的产生来自人们将自己的收益和他人相比较的结果;在期望理论的创始人弗鲁姆(Vroom)看来,就业满意度源自员工个人对自身工作的评估达到其期望水平的程度多少;在需求层次理论中,马斯洛(Maslow)则认为从工作中获取需求动机的满足有利于提高人们的就业满意度。但是,上述经典研究都仅仅将就业满意度作为一个单维变量进行分析。1976年,洛克(Locke)提出了多种维度与就业满意度的密切关系,这些因素主要包括工作自主权、工作压力、工作期望、自尊、个人价值观和性别等变量。至此,学术界对就业满意度的研究由单一维度的考察转向多维考察。我国国内关于就业满意度影响因素的研究主要集中在个人心理和组织环境层面。早期国内研究者陈子光分析了知识分子的工作动机对就业满意度的影响,发现集体工作意识、组织气氛、工作难度和价值、工作潜力知觉、工作结果、年龄、工资、人际关系等都对就业满意度有较大影响。胡蓓在对我国脑力劳动者进行实证研究时,把员工工作满意度影响因素归纳为工作本身、工作关系、工作环境三类。而王志刚认为,影响员工工作满意度的最主要影响因素是教育水平和月收入。随着中国社会经济的发展,政府和学者开始对农民工这个特殊群体的就业满意度给予特殊关注。其中,孙永正对苏南某企业的农民工工作满意度进行调查,发现农民工的工作满意度总体偏低;国家统计局课题组则进一步对农民工就业质量指数与主观满意度之间进行相关分析,发现合同签订情况对农民工的就业满意度有正向显著影响。

综观已有的研究成果,可以发现,国内外学界对就业满意度问题已经给予了一定程度上的学术关注。但是,已有的研究成果仍然存在以下不足:一是从研究视角来看,就业满意度的研究多是以组织管理学视角展开,很少从社会性别视角出发进行分析;二是从研究对象来看,学界虽然已对农民工等特定群体的就业满意度进行了一些研究,但对青年女性这一群体却缺乏应有的关注;三是从研究内容来看,已有研究在就业满意度的影响因素上主要考察个人和组织特征,对家庭因素的重视不够。因此,为补其不足,本节在前人研究的基础上构建了一个包括个人、家庭、社会的宏微观相结合的综合解释模型(见图5-1),从社会性别视角出发对青年女性的就业满意度及其影响因素给予了特别关注。

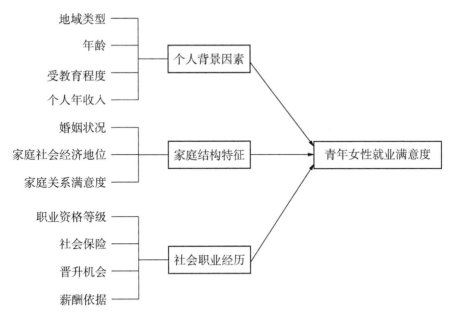

图 5-1　青年女性就业满意度的理论解释框架

（二）数据、变量与测量

1. 数据来源

本节的数据来源于 2006 年全国综合社会调查，该项目由中国人民大学社会学系和香港科技大学社会调查中心联合另外 7 所大学的科研机构共同完成，主要目的是了解改革开放 30 多年来中国城乡居民的就业、生活等各方面的状况。该调查采用标准按规模大小成比例的概率抽样方法，在全国大多数范围内（不包括青海、西藏）抽取样本，其中，城镇样本 6013 个、农村样本 4138 个。

2. 样本概况

关于青年年龄的界定很多，各国口径也不一，这里的青年指的是 18~35 周岁之间的这一部分人口。研究从以上数据库中一共梳理出 1541 个目前有工作或曾经工作过的青年女性作为样本，同时将 1245 个青年男性作为参照样本。表 5-1 展示了青年女性样本的基本特征。可以看到，出生年份中，样本人口在1971—1980年间出生的占70.0%，在1980—1988年间出生的约占30.0%；户口分布较均匀，农业户口占55.2%，非农户口占44.8%；受教育程度主要集中在初中及高中、中专两个层次，所占比例为58.7%；从政治面貌来看，中共党员仅占2.4%；总体而言，青年女性人口的个人年收入仍然偏低，年收入少于10000元的超过六成，说明青年女性的生活水平大部分还是处于社会底层。

表5-1 青年女性样本的基本情况

项　　目		人数（个）	所占比例（%）
出生年份	1971—1980年	1079	70.0
	1981—1988年	462	30.0
户口状况	农业	850	55.2
	非农	691	44.8
受教育程度	小学及以下	307	19.9
	初中	561	36.4
	高中（包括中专）	394	22.3
	大专	173	11.2
	本科及以上	106	5.1
政治面貌	中共党员	37	2.4
	非中共党员	1504	97.6
个人年收入	10000元/年以下	999	64.8
	10001～20000元/年	248	16.1
	20001～30000元/年	88	5.7
	30001～40000元/年	28	1.8
	40001～50000元/年	9	0.6
	50001元/年以上	23	1.5
	无填答	146	9.5

3. 变量测量

本节的因变量"就业满意度"是一个定序变量，但为分析方便，将其近似地作为一个定距变量来处理，答案根据利克特量表设计成四个等级："非常满意""比较满意""不太满意"和"非常不满意"，分别赋值4～1分，得分越高，表明当事人的就业满意度越高。

自变量有三组，一是由地域类型、年龄、受教育程度、个人年收入组成的个人背景因素，二是包括婚姻状况、家庭社会经济地位、家庭关系满意度3个变量的家庭结构特征，三是用职业资格等级、社会保险、晋升机会、薪酬依据4个变量表示的社会职业经历变量。将自变量中的地域类型、婚姻状况处理为虚拟变量，其中，地域类型为城镇的赋值为1，农村的赋值为0；已婚的为1，未婚的为0。另外，对社会保险中的公费医疗、基本医疗保险、基本养老保险、失业保险、住房补贴五个项目进行因子分析，共抽取一个社会保险公共因子，其方差贡献率达到64.782%，KMO（Kaiser-Meyer-Olkin）值为0.853。

（三）分析与发现

表5-2是被调查青年男女对就业满意度问题的选答结果。调查结果显示，选择"不太满意"和"非常不满意"的青年女性占被调查所有女青年的39.6%，这表明我国平均每10个女青年中就有4个对自己的工作表示不满意。从就业满意度的性别分布来看，青年女性选择"非常满意"和"比较满意"的总比例（53.2%）比青年男性（58.1%）低将近5个百分点，并且经X^2检验在0.001水平上具有统计显著性，这样看来，在当前的青年劳动力市场中，男女平等并未真正实现。

表5-2 青年男女的就业满意度（%）

就业满意度	总体青年	男性青年	女性青年
非常满意	4.5	4.4	4.5
比较满意	50.9	53.7	48.7

续表 5-2

就业满意度	总体青年	男性青年	女性青年
不太满意	32.1	31.8	32.3
非常不满意	7.2	7.1	7.3
不适用	5.3	3.0	7.2
性别差异的 X^2 检验	26.556***		

注：*** 表示在 0.001 水平上有统计意义。

表 5-3 是青年女性和青年男性就业满意度的多元回归模型的统计估算结果。比较两个模型调整后的决定系数，即表 5-3 中的 $adjR^2$ 值，据表可见用多项复合测度自变量的模型所解释的青年女性就业满意度的方差为 20.8%，青年男性模型的解释力比较弱，仅为 8.5%，这一定程度上验证了本节所提出的青年女性就业满意度解释框架的合理性。下面将具体分析复合测度模型的各自变量对本节的研究对象——青年女性就业满意度的影响性质和程度。

表 5-3 青年就业满意度的多元回归结果

指标项目	青年就业满意度	
	女性	男性
个人背景因素：		
地域类型	-0.018（-0.041）	0.240（0.117）
年龄	-0.009（-0.045）**	-0.005（-0.033）
受教育程度	-0.019（-0.055）	-0.070（-0.285）*
个人年收入	2.48E-08（0.091）***	3.299E-08（0.133）*
家庭结构特征：		
婚姻状况	-0.104（-0.125）	-0.049（-0.070）*
家庭社会经济地位	0.309（0.324）***	0.056（0.083）
家庭关系满意度	0.110（0.133）*	0.199（0.153）*

续表 5-3

指标项目	青年就业满意度	
	女性	男性
社会职业经历:		
职业资格等级	0.018 (0.015)*	-0.042 (-0.051)
社会保险	0.195 (0.240)	0.104 (0.022)
晋升机会	0.108 (0.031)**	0.013 (0.029)**
薪酬依据	0.014 (0.015)***	0.090 (0.125)*
adjR²	0.208	0.085
F	3.107	2.303
N	1166	1154

说明：* 表示 $P \leq 0.05$，** 表示 $P \leq 0.01$，*** 表示 $P \leq 0.001$。

首先，个人背景因素中，青年女性的个人年收入对其就业满意度有正向的显著影响，但年龄越大，其就业满意度反而越低。在年龄的影响方面，模型表明，年龄和青年女性的就业满意度呈负相关，该回归系数为 0.009，并在 0.01 水平上具有统计意义，也就是说，年龄每增大 1 岁，其就业满意度就降低 0.009 分。这可能是因为，年龄越高的女青年对工作的期望也逐步增高，当现实达不到她们的期望时造成的失望也越大；而相对年轻的女青年们一般刚刚毕业，没有太多生活上的压力，对工作的各个方面都充满希望，态度相对积极。个体年收入对青年女性就业满意度影响的回归系数为 $2.48E-08$，在 0.001 水平上具有统计意义，这表明青年女性自身的年收入每增加 1 元，她的就业满意度得分就会在原来的水平上相应地提高 $2.48E-08$ 分。这主要是因为随着我国体制改革的推进和市场经济的完善，经济收入在一定程度上成了个人社会地位、能力和成就的体现，收入的高低不仅决定着个人的生活际遇，也成了个人价值的体现，因此，个人年收入对于青年女性就业满意度的影响也就不言而喻了。

其次，家庭结构特征中，家庭社会经济地位以及家庭关系有利于提高青年女性的就业满意度。从表 5-3 中所示的回归结果可知，家庭社会经济地位对青年女性就业满意度的影响较为明显，在 0.001 水平上具有统计显著性，其回归系数高达 0.309，也就是说，青年女性的家庭经济地位每提升一个单位，她的就业满意度得分就提高 0.309 分。这一定程度上意味着家庭社会经济地位会不自觉地影响到女青年的就业领域，因为家庭可以为青年人迈向充分的独立提供资源和帮助，比如帮助青年女性避免劳动力市场的排斥从而平稳过渡，或者在其就业过渡的活动中提供资金支持等。另外，模型显示家庭关系对青年女性的就业满意度水平的影响也为正，其回归系数为 0.110，也同样在 0.05 水平上显著。这其中的原因相对显而易见，如果家庭关系出现问题，青年女性将难以安心工作，进而影响其工作的效率和心情；如果家庭关系融洽，这种情绪会相应地延伸到青年女性的工作中，从而大大提高其就业满意度。

最后，社会职业经历中，职业等级资格、晋升机会、薪酬依据对青年女性的就业满意度都有积极的促进作用。第一，青年女性就业满意度的模型结果显示，随着被访青年女性职业等级资格的上升，其性别意识的得分也随之升高，该回归系数为 0.018，并在 0.05 水平上有统计显著性，这意味着被访青年女性职业等级资格每上升一个等级，就业满意度得分就提高 0.018 分。呈现这种规律性的原因是具有较高职业等级资格的青年女性的工作经验和专业水平相对较高，一般在工作中有较大的自主性，获得的成就感也较多。第二，有晋升机会的青年女性的就业满意度比没有晋升机会的青年女性的满意度高，其回归系数为 0.195，同样在 0.01 水平上有统计意义，这说明有机会获得个人的成长与进步能有效地提高其就业满意度。第三，在薪酬依据的影响方面，模型显示工资、奖金由工作量和个人业绩决定的女青年的就业满意度比二者完全不挂钩的更高，该回归系数为 0.014，并在 0.001 水平上具有统计意义。这意味着职业是否满意，很大程度上还在于被访女青年是否觉得薪酬制度公正、公平。

（四）政策启示

本节依据全国综合社会调查收集的数据资料，对所提出的中国青年女性就业满意度的多层面多因素解释模型进行回归检验，分析结果证实了所建模型具有较好的拟合度。从回归模型对变量的检验结果可以看出，年龄、个人年收入、家庭社会经济地位、家庭关系满意度、职业等级资格、晋升机会以及薪酬依据是影响青年女性就业满意度的主要因素，其中年龄与因变量成反比关系。以上研究结果为如何提高青年女性的就业满意度问题提供了一些有益的政策启示。第一，制定以困难女青年家庭为目标的帮扶政策。家庭社会经济地位和家庭关系满意度对女青年就业满意度的积极作用提醒我们家庭因素与就业的强大关联，推动完善以文化水平低、家庭收入低等困难女青年家庭为目标的政策，比如在低保政策中考虑青年女性问题，可以通过对家庭的帮扶，一定程度上改善青年女性的家庭关系和就业状况。第二，加强对青年女性的职业培训，不断提高其人力资本水平和年收入。职业资格等级与青年女性就业满意度的密切关系使我们认识到，职业培训是提升青年女性就业满意度的一项不可或缺的举措。培训的形式可以是通过办夜校、短期职业培训班、专题讲座、定向和订单培训等，培训时应考虑女青年的文化程度、年龄结构以及身体状况等因素的差异情况，设置各种层次的培训内容。通过多渠道分层次的培训，使青年女性能够带着技术，向收入高的岗位转移，以提高其收入水平，从而将有效地提高女青年的就业满意度。第三，建立科学的晋升机制和男女同工同酬的薪酬体系。晋升机会和薪酬依据对青年女性就业满意度的正向影响告诉我们，"注重实绩，公平竞争"的现代企业管理理念已经得到了当今女性青年的普遍认同。然而，男女同工不同酬等现象在现实世界中还大量存在，因而有必要根据全面薪酬和激励理论进一步完善薪酬体系和晋升制度，为新时期青年女性的职业发展提供公开、公平、公正的发展平台和竞争环境。

二、社会性别视角下的女大学生择业质量

女大学生作为女性中的高学历群体，她们能否在职业生涯中实现自身及社会价值的最大化，是衡量男女平等、社会文明程度的标杆，也关系到我国构建和谐社会目标的实现。党的十九大报告明确提出，要推动"实现

更高质量和更充分就业"。因此,当前与未来就业理论研究和实践工作的核心主题应是在积极增加就业岗位的基础上,更多关注就业质量。所以,本节将从传统性别隔离、被动性别定位、自我性别意识这三大层面,深入分析女大学生择业质量困境的社会性别因素,而后提出优化女大学生择业质量的相应对策。

(一) 研究综述

择业质量是一个很广泛的概念,不同学者根据自身的研究内容和研究目的给予它不同的界定,本节将其定义为人们所选择的工作(不包含自主创业)的固有特征以及满足自身要求的程度。对于社会性别与劳动者择业质量间的关系,即择业质量的社会性别效应,目前学界尚无明确的定论。概括起来,择业质量的性别研究议题有以下三种理论解释。第一种以人力资本理论、劳动市场歧视理论和统计性歧视理论为依据,分别从人力资本、人的生产效率和企业成本负担等方面研究就业的性别不平等。第二种则主要从传统文化和社会制度等角度分析就业性别差异,对此做出解释的主要有互动理论和制度理论。第三种侧重于从性别刻板印象和个体偏好的角度探索女大学生求职心理取向与期望对就业的影响,其主要依据是职业性别刻板印象理论。

经验研究中,有关研究结果在一定程度上验证了理论解释的合理性。在定量分析方面,大多数的实证研究都为"劳动力市场确实存在性别差异"这个论断提供了佐证。此外,一些研究发现,虽然现代都市年轻女性劳动力越来越多地参与经济和社会事务,但大部分年轻女性并没有职业抱负。部分研究还考察了同性参照群体对女性报酬的影响作用,检验结果证实了在职业场域交往中,同性群体报酬方面的普遍信息确实直接影响了社会对女性劳动力价值的较低估计。经过长期的社会内化后,在自我实现预期效应下,也造成了女性自身对未来职业的僵化选择。然而,这些研究受到方法和数据的限制,通常没有将社会性别分类,而且社会性别更多的只是诸多自变量的其中之一,专门探讨社会性别与择业质量的研究仍较为少见,关于不同类型社会性别的择业质量效应的研究,迄今更是十分有限。

量化各类社会性别因素（见图5-2）对女大学生择业质量的影响程度，不仅有利于深化社会性别与女大学生择业质量内在联系的研究，更有利于制定具有性别平等意识的帮扶政策，为建设具有性别平等意识的女大学生就业服务体系提供依据。鉴于此，本节将使用2012年实施的调查数据，深入探讨社会性别与女大学生择业质量之间的关系，其结果将深化关于女大学生群体择业质量的规律性路径认识，尤其对实现女大学生更高质量的就业具有重要的实践意义。

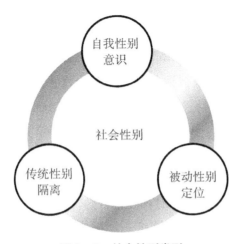

图5-2 社会性别类型

（二）样本来源与变量设置

1. 数据来源

本节使用的数据来自国家社会科学基金课题组于2012年进行的一项关于女大学生就业的问卷调查。数据涉及福建省多所高校的应届毕业生，能够基本反映出当前福建乃至全国本科院校的结构特征，有一定代表性。剔除废卷，问卷记录了9261名调查对象的个人基本情况、受教育经历、择业过程和结果等方面的诸多信息。其中，女性为5069人，约占54.7%；男性为4192人，约占45.3%。本研究主要关注女性，为了更好地揭示社会性别对就业质量的影响机制，探讨其中的性别差异，故将同届的男性作为对比群体纳入实证模型。

2. 模型构建

本节以被调查者的择业质量为因变量。因变量由工作地点、单位类型、职业声望、月工资、上班时长、晋升空间、就业满意度等组成。首先，把相关问题转化为正向指标，并应用 Stata 软件进行数据标准化处理。其次，检验指标数据的适用性，处理结果表明适合做主成分分析。其中，KMO 指数为 0.882；Bartlett's 球形检验的近似卡方统计量是 841.905，相应的自由度为 207，检验显著性概率为 0.000。最后，基于相关系数矩阵，依据累计方差贡献率不小于 70% 的原则，利用主成分分析法提取了 1 个主成分。其累计方差贡献率达到 73.146%，可以综合反映出原有变量的大部分信息，解释效果显著。根据因子载荷矩阵，将主成分命名为择业质量因子。计算主成分得分矩阵，可以得到下面的主成分得分函数：

$$F = 0.053X_1 + 0.111X_2 + 0.285X_3 + 0.37X_4 + 0.206X_5 + 0.129X_6 + 0.346X_7$$

主成分得分函数中的 X_i（$i = 1, 2, \ldots\ldots 7$）是原指标数据进行标准化处理后的值。据此可以计算各个指标在主成分上的得分。F 为大学生择业质量水平综合得分，在进行统计模型估计时转化为自然对数形式。

根据理论分析，核心自变量有三个，传统性别隔离、被动性别定位和自我性别意识（见图5-2）。传统性别隔离包括测量被调查者是否遭遇性别歧视的虚拟变量（是=1）、父母重男轻女的程度，被动性别定位包括父母亲及男女朋友期望的影响程度，自我性别意识包括被调查者的性别观念、就业信心和就业信心的平方项（目的是检验择业质量与就业信心之间是否存在非线性关系）。此外，为了获得对性别效应的无偏估计，探讨上述自变量与因变量之间的独立关系，研究还将一系列其他要素作为控制变量纳入模型，包括年龄、毕业院校、专业类型、家庭所在地、家庭年总收入，该几个变量均为被访者接受调查时的情况。

（三）模型估计结果

鉴于因变量是连续型数值变量，所以采用最小二乘法进行回归估计。另外，为检验相同因素对不同性别群体的影响差异，在进行数据分析时，对男、女两性分开建模。表 5-4 即为使用 OLS（普通最小二乘法）回归模型对大学生择业质量状况影响因素进行估计的结果，其中，模型 1 呈现了女性样本的估计结果，模型 2 则是比较对象男性的估计结果。

表 5-4 择业质量状况影响因素的 OLS 回归模型估计结果

变量		女大学生 模型 1a B 值	女大学生 模型 1b B 值	男大学生 模型 2a B 值	男大学生 模型 2b B 值
控制变量	年龄	-0.003	-0.121*	0.049	0.046
	毕业院校	0.104*	0.180**	0.102*	0.189**
	专业类型	0.135*	0.016	0.060	0.041
	家庭所在地	0.076	0.154*	0.058	0.122*
	家庭年总收入	0.203**	0.177*	0.098*	0.116*
社会性别变量 传统性别隔离	是否遭遇性别歧视	—	-0.351**	—	-0.307***
	父亲重男轻女的程度	—	0.056	—	0.025
	母亲重男轻女的程度	—	0.074	—	0.012
被动性别定位	父亲期望的影响程度	—	0.070	—	0.062
	母亲期望的影响程度	—	0.088	—	0.055
	男女朋友期望的影响程度	—	0.092	—	0.097
自我性别意识	性别观念	—	-0.312***	—	0.064
	就业信心	—	0.304***	—	0.231**
	就业信心的平方项	—	-0.336***	—	0.058
常数项		1.184*	4.679***	1.005*	2.056**
卡方检验 χ^2		37.624*	103.521***	36.189*	50.373**
调整后 R^2		0.071	0.342	0.053	0.118

注：*** 表示 $P \leq 0.001$，** 表示 $P \leq 0.01$，* 表示 $P \leq 0.05$。

在纳入性别变量后，调整后的 R^2 显示两个模型的拟合效果均明显变好。但是，从模型整体效果上看，女大学生的模型结果显然要好于男大学生,表现为其模型的 X^2 值和 R^2 值都明显较大,说明引入模型的变量对女大学生择业质量的解释力要比对男大学生择业质量强得多。由此也可以推断,女大学生是否获得高质量的工作与社会性别密切相关,但男女大学生的择业质量水平受到不同性别因素的影响,有着不尽相同的获得路径及机制。具体发现如下。

第一,回归分析表明,是否遭遇性别歧视对男、女大学生的择业质量水平均有显著负向影响。在模型 1b 中,如果其他变量保持不变,有过性别歧视经历的女大学生,相比没有此经历的人群,其择业质量比未遭遇性别歧视的女大学生高出 42.0%($e^{0.351}-1\approx 0.420$,$P<0.001$)。往常人们大多只关注到性别歧视对女性的影响,殊不知性别歧视对男性同样也存在制约。其中一个关键因素就是在现实社会的传统职业定向中,人们普遍认为公关文秘、护士以及幼师等职业较适合女生,但新时期的少数男生在学科的选择上,已不局限于传统的"男性专业",当这一部分男生面临择业时,传统的职业刻板印象对男女性别的挑剔就自然产生了,并且,这些男性在接受此类"女性职业"时,由于性别歧视的影响,职业满意度也通常不高。

第二,女性样本的估计数据可知,在控制其他变量的情况下,性别观念会对女性择业产生极为显著的负面影响,这与以往研究的结论是相符的。性别观念更加陈旧的女大学生从事高质量工作的概率会降低 36.6%($e^{0.312}-1\approx 0.366$,$P<0.001$),这一差异在 0.001 的统计水平上显著。也就是说,当性别观念传统时,女性人力资本投入和劳动参与的阻力就会增大,就业质量提升的概率也会相应降低。进一步分性别比较可以发现,男性择业则不会受到性别观念的显著影响。这一估计结果说明,性别观念陈旧的青年女大学生相比男大学生,往往会受此牵绊而更难以进入高级劳动力市场,转变女大学生的性别观念,对于激励女性劳动参与、释放女性就业潜力有更突出的意义。

第三,模型 1b 的结果显示,就业信心与其平方项都对女大学生的择业质量存在显著的制约作用,但前者系数是正值,后者系数是负值。这说明女大学生的就业信心与择业质量水平呈倒 U 型关系模式,存在一个由高变低的拐点。当就业信心维持在某一特定值时,女大学生的择业质量最高;当女大学生的就业信心超过这个值以后,其择业质量就开始走下坡。可见，对于女性而言，就业信心虽有利于她们寻求具备更高经济收入与更好发展机会的职业，但过于自信反而不利于择业水平的提升和未来职业生涯的发展。在模型2b中，就业信心与其平方项的作用方向和在模型1b中一致，然而后者不具有统计学意义，只有前者的影响作用具有解释力。

（四）讨论

本节应用调查数据以及回归模型估计了社会性别因素与大学生择业质量的关系。研究结果表明，传统性别隔离、被动性别定位、自我性别意识对不同性别水平的影响机制既有相同之处，但也存在性别差异。一方面，性别歧视对男、女大学生群体的择业质量均产生显著影响，是两性大学生择业质量分层最关键的决定因素之一。另一方面，在自我性别变量中，陈旧性别观念会给女大学生择业带来显著的负面作用，而男性的择业质量状况则几乎不为性别观念所影响；同时，尽管就业信心有助于大学生择业质量的提升，但过多的信心则不会继续带来更高的就业回报，对女大学生尤为如此。

总体看来，关于社会性别与择业质量关系的上述性别差异，突出表现在自我性别意识方面的性别观念和就业信心上。其一，作为社会适应的重要组成部分，主体与社会互动的意愿尤其重要。在新媒体时代，信息传播迅速、广泛。女大学生作为思想较为活跃的一个社会群体，她们既是网络媒介的话语者，同时也是围观者，她们习惯在新媒体上查找各类资讯。剖析网络媒体中有关女大学生的报道，不难发现存在一种带有明显负面情感倾向的网络文化氛围。各大网络媒体对于女大学生的放浪不羁、违法犯罪、遭遇不幸、贪图享乐等状况，态度大多为反对、看笑话、同情、丑化等，这种氛围对现实世界里的女大学生的形象也构成消极催化作用。在纷繁复杂的就业环境中，对于世界观、人生观和价值观正处于形成期的女大学生来说，如果缺乏价值观念的有效引导，在面对各种传统的性别偏见时，很可能产生迷茫与困惑。然而，大多数高校的就业课程对女大学生的择业指导缺乏明确的指向性，教学中性别意识缺失，致使部分女大学毕业生对"男强女弱""男主外女主内""干得好不如嫁得好"等性别意识和职业观念表现出较强的认同,造成对择业主体意识的忽视和发展规划的不足。其二,就业信心影响女大学生们面对就业压力时的情感反应模式与思维模式,进而影响她们的职业选择。在困难性或威胁性情境中,不同信心水平的个体的情绪体验及压力承受度会有所不同。并且,这些不同的情绪反应会体现在她们实际的求职活动过程中。富有自信心的女大学生求职者敢于面对和克服困难,而且倾向于选择和承担具有挑战性的、有利于个体长远发展的职业;而不自信的女大学生求职者则在困难面前畏首畏尾,不敢尝试,一般会选择回避那些她们认为需要通过激烈社会竞争才能获得的工作。然而,需特别指出的是,过于自信的个体在现实残酷的求职过程中往往也更容易遭受巨大挫折,进而不利于其择业质量的提升。

大学生是最重要的就业群体之一,高校毕业生是就业工作的重点。社会各界应加大对女大学生就业质量的关注力度,促进女大学生就业质量服务体系的构建。具体来说,可以从如下三个方面入手。

1. 强化对网络媒体的监管

首先,国家相关管理部门应该加强网络媒体职业道德体系的建设,创建网络环境的监控体系,遏制那些存在误导倾向与缺乏事实依据的关于女大学生的报道,防止不良性别文化在网络传媒中大肆蔓延。其次,网络媒介应该改变报道方式,尊重报道主体的话语权。报道要尽量公正全面地反映当代女大学生的真实面貌,并给予女大学生群体更多的话语权,从而提升女大学生的整体形象,避免其被污名化的负面形象对女大学生群体造成潜在的伤害。

2. 设置"角色期待教育"环节

女大学生在社会角色即将改变的时候一般会产生两大倾向,或者是对自我的要求特别苛刻,或者是在用人单位差别对待的状况下望而却步、自我否定。开展性别教育课程是矫正女大学生价值观与性别意识偏差的有效方法。在现行教育体制下,国内仅有少数高校开设了女性教育课程,而且在课程内容建设上大多处于起步阶段。因此,有必要借鉴发达国家的先进经验,在国家高等教育学科体系中设置符合性别社会化目标的"角色期待教育"环节,普及顺应时代发展潮流的女性系列课程,使女大学生们在择业时能够形成正确的性别角色期待。

3. 发挥女性职业素质优势

女大学生的就业状况与其从业素质分不开。面对可能存在社会歧视与偏见的就业环境，女大学生更应注重自身职业素质的提高。既要发挥女性在耐心细致、语言表达等方面的优势，又要注意关注社会经济的发展变化和实践能力的培养，全方位提升自身的综合竞争力。另外，在校期间，应鼓励女大学生们提前参加各种实习应聘，以便在更加清楚地了解自我和就业环境的基础上，对当前择业环境进行有针对性的分析，同时不断调整自己的相对劣势，提高择业的综合竞争力。

三、社会资本在流动女性生育和就业质量之间的调节作用

生育政策调整后，生育对女性就业的影响问题备受关注。其中，女性流动人口是中国人口迁移与劳动力市场中的重要群体。改革开放以来，女性流动人口的规模日益扩大，流动女性在社会变迁中所扮演的角色也日益突出。《中国流动人口发展报告2015》显示，全国流动女性的数量约为1.14亿人，达到全国流动总人口数的46.91%。然而，在户籍制度与性别因素的双重作用下，流动女性处于双重劣势地位。流动女性这一双重劣势群体的就业质量如何，生育对她们的就业质量有多大程度的影响，如何缓解生育对其就业质量的负面影响等问题在人口流迁日趋活跃的今天亟待我们深入研究。因此，本节基于2013年中国综合社会调查的数据，应用多元回归模型，考察社会资本视野下流动女性的就业质量及其生育代价的变化。

（一）文献与假设

1. 关于社会资本对女性就业质量的影响文献

生育和就业是女性生命周期中的重大事件，在对女性就业所进行的诸多研究中，求职就业过程中的性别差异是学界关注的热点。学者的研究结

论均较为一致，即在就业质量方面，男性较之女性更有优势。并且，有学者指出就业质量存在性别差异既有制度性因素也有非制度性因素，其中，生育和社会资本就是其中十分重要的两大因素。

社会资本一直是女性就业研究中的一个重要视角。社会资本理论分别从不同的角度探讨了女性劳动就业的影响因素，大大拓展了性别就业研究的深度和广度。美国社会学家格兰诺维特（Granovetter）认为，个体的就业根植和"嵌入"于自身的社会关系网络之中，因此，在研究个体就业时，不该只注意到受教育年限等人力资本的作用，还应关注社会资本所起的作用。林南（Lin）把社会资本变量作为中介因素引入就业模型，极大地增强了模型的解释力，他指出，相比人力资本，社会资本对就业质量的影响重要得多。在国内，学者们也纷纷开始探究女性就业中的社会资本状况，不少成果发现，社会资本对女性个人的就业质量有着重要的影响与作用。其中，有研究基于社会资本的理论视角，根据对中国八个城市社会网络与职业经历的调研，发现女性的社会资本量可解释12.7%的性别收入差异，但其社会资本相对欠缺。

尽管社会资本的定义及理论还没有统一的论断，但在就业研究领域里，大部分学者赞同帕特南（Putnam）所界定的社会资本。帕特南指出：社会资本即社会组织的特征，它们能够使当事人更有效率地达到目标，主要包括社会信任、互惠、规范及支持网。依据这个概念，贝恩（Bain）和希克斯（Hicks）进一步将社会资本操作化为认知性社会资本与结构性社会资本两大类，前者包括了社会信任和社会公平，后者包括了社会参与和社会网络。认知性与结构性所强调的社会资本对女性就业的影响机制有所不同，社会参与和社会网络涉及人的行为，社会信任和公平涉及人的态度，两者均有各自的局限，在一个关于性别就业的有效解释模型中，这两类社会资本的作用均不容忽视。

2. 理论假设

已有的文献为研究提供了有益的启示与借鉴，但同时存在着三个明显的不足之处：首先，国内外关于女性就业质量的研究，更多地将女性作为一个整体进行研究，较少关注女性群体间的分化与差异。在当前中国城市化进程与性别平等进程不断加快的宏观背景下，关于流动女性这一特殊群体的就业质量的专门研究并不多。其次，已有关于生育对女性就业质量的影响研究，更多地只在理论上做应然性的探讨，少数实证研究分析也主要集中于生育对女性工资收入的影响方面，对女性综合就业质量的生育影响较少关注。最后，学者以往围绕"生育代价"进行的相关经验研究，鲜少注意到社会资本在生育与女性就业质量之间的中介作用。

有鉴于此，本节将试图从"生育"这个女性关键的生命事件出发，把学术目光聚焦于流动女性这一特殊群体的就业质量。如前文所述，以往的研究大多证实"生育代价"普遍存在，生育会降低女性的就业质量。但是，这种负面效应究竟有多大？生育对女性就业质量的影响是否在不同特征群体之间有所差别？什么因素可以消解流动女性这一特殊群体的"生育代价"？根据社会资本系列理论，我们有理由推测，社会资本的诸变量会促进流动女性的就业质量，而且社会资本可能对生育与流动女性就业质量之间的负向关系有分化调节作用。即在控制和抵消生育、社会资本、就业质量三者间可能存在的部分交互作用下，总体而言，随着社会资本的推进，生育对就业质量的负向作用将不断弱化。由此，本节构建了流动女性就业质量的模型计量路径（见图5-3），并提出以下研究假设。

假设1：生育对流动女性的就业质量具有显著的消极影响。

假设2：社会资本对流动女性的就业质量有显著的促进作用。

假设2a：社会信任度越高的流动女性，其就业质量也越高。

社会信任是工作中人与人之间关系的润滑剂和黏合剂。信任度越高，在职业交往中所获得的安全感就越多，沟通就越顺畅；而信任缺失所带来的疑虑和不安，则会增加流动女性职业沟通的成本，从而影响其就业质量的提升。

假设2b：社会公平感越高的流动女性，其就业质量也越高。

不公平感来源于预期与现实的差距。当流动女性觉得，自己的工作付出没能达到自己预期的回报时，或者自己与周围其他群体存在明显不合理的差距时，就会产生强烈的相对剥夺感。这些不公平的情绪若无法消除，其结果往往只能是自我消解和折磨，最终可能导致个体心理失衡，从而不利于其就业表现和就业质量的提升。

假设2c：社会参与程度越高的流动女性，其就业质量也越高。

积极参与工会活动,不仅是流动女性认同工作单位的标志,而且还有助于建构工作场所内部的互助关系,有助于创造一个友好和谐的工作环境,使其对自身职业产生归属感和认同一致感,从而最终提升个体的就业质量水平。

假设2d:社会网络程度越高的流动女性,其就业质量也越高。

亲属朋友是个体积累的重要关系资源。亲属更多的是从情感和精神上为流动妇女提供支持,缓解其由于消极生活和工作事件所产生的压力,有利于其减少职业倦怠,到异地后,亲属的支持效应虽相对减弱,但仍发挥重要作用;而与更多的朋友接触交流,能够帮助流动女性获取不同的工作信息,从而有效提高其就业质量。

假设3:随着社会资本的推进,生育对流动女性就业质量的负向效应趋于弱化。

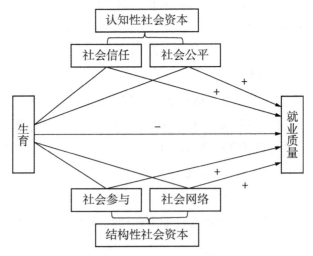

图 5-3 生育、社会资本与流动女性就业质量的计量路径

(二) 变量的操作化

本节使用2013年全国综合社会调查数据,该数据覆盖中国内地所有省级行政单位,避免了选择性偏差,从而为准确反映流动女性就业质量的相

关状况奠定了坚实的数据基础。此次调查采用多阶段分层概率抽样方法，在全国的 100 多个县/区，共抽取 480 个村/居委会，每个村/居委会调查 25 个家庭，每个家庭调查 1 人，总有效样本量为 11438 个。

规模日益扩大的流动女性样本处于户籍和性别的双重劣势地位，在生育新政背景下，流动职业女性的工作质量（从事无收入工作的流动女性不在本节的研究范围内）尤其值得关注。所以，结合研究目的，本节选择了所有正在从事有收入工作、户口在本县（区）以外且离开户口登记地超过半年的流动女性样本作为目标人群，经过数据清理后，有效样本量为 234 份。就本节考察的样本而言，不存在大量异常值或严重偏态的情况，具有相对稳健性。分析样本的平均年龄为 37 岁左右，平均受教育年限为 9 年左右，各变量的基本描述性统计结果详见表 5-5，具体测量如下文所示。由于本节的目标人群口径限制较窄，有效样本量虽不算多，但作为全国性的综合随机样本，数据仍有相当的代表性。

表 5-5 变量的基本描述性统计（N=234）

变量	均值	标准差
年龄（岁）	37.13	10.42
年龄平方	1378.64	67.56
受教育年限（年）	9.180	3.37
政治面貌（党员=1）	0.14	0.21
婚姻状况（未婚=1）	0.13	0.15
健康水平	0.44	1.00
流动时长（年）	3.71	1.58
生育子女数（个）	1.62	0.71
社会信任	2.36	1.33
社会公平	2.13	1.05
社会参与	1.51	0.73
社会网络	3.16	1.36
职务收入（元）	2517.37	992.45
职业声望	5.25	1.05
职位权力	4.12	1.33

1. 就业质量及其操作化

本节的被解释变量是流动女性的就业质量。结合已有相关文献可以发现，就业质量是一个衡量劳动者就业状况的综合性概念，它反映的是人们所获得的具体工作中所含有的财富、声望、权力等固有特征的优劣程度。在问卷中，职务收入是直接通过询问被访者的职业/劳动收入金额获得的，职业声望分为以下七类：政府机关办事及有关人员、专业技术人员、个体户、商业从业人员、生产运输及有关人员、服务业从业人员、农林牧渔业人员，分别赋值 7~1 分，得分越高，表明职业声望越高；职位权力是通过问题"在您目前的工作岗位上，是否经常有人希望通过您的工作便利帮他/她办事？"来衡量，回答分为"总是""经常""有时""很少""从没有"五种，分别赋值 5~1 分，得分越高，表明职位权力越大。因此，研究在标准化处理相关数据后，综合我国的职业发展特点以及问卷调查中可用的指标设定，运用因子分析法将职务收入、职业声望、职位权力 3 个指标合成公因子"就业质量"。因子分析是旨在简化指标的一种方法。首先，将因变量各指标的相关调查数据统一化，即原数据答案无论几个等级，均按三个等级重新划分，并注意统一答案强弱方向。然后，对这些项目进行信度分析和因子分析，这几个项目的 Cronbach's Alpha 信度系数为 0.8157，经过变值精简法旋转后，得到一个公共因子，将其命名为"就业质量"，其累计方差贡献率达 58.317%，KMO 检验值达 0.846。

2. 社会资本的测量

社会资本变量是本节研究重要的解释变量，这里的社会资本变量包括认知性社会资本和结构性社会资本两大类，共 4 个指标，认知性社会资本分为社会信任和社会公平，结构性社会资本分为社会参与和社会网络，这 4 个指标的具体说明如下。

（1）社会信任的衡量问题是："总的来说，你同不同意在这个社会上，绝大多数人都是可以信任的？"选择的项目包含"非常不同意""比较不同意""说不上同意不同意""比较同意"和"非常同意"。

（2）社会公平用的是问卷中这样一个问题："总的来说，您认为当今的社会公不公平？"答案分为"完全不公平""比较不公平""说不上公平但也不能说不公平""比较公平"和"完全公平"。

（3）社会参与变量由询问受访者的工会参与情况获得。选项答案设计为"是""以前是，现在不"和"从来都不"三个级别。

（4）社会网络是通过受访者与亲属朋友的接触和联系密切程度来测量的。问题的答案包括"非常不密切""不密切""一般""密切"和"非常密切"。

3. 统计模型和控制变量

本节使用了多元回归模型统计方法，对影响流动女性就业质量的因素进行模型拟合和参数估计。

生育维度是通过生育子女数来考察。除了生育子女数，个体的特质也会对就业质量产生影响，因此，将年龄、年龄平方、受教育年限、政治面貌、婚姻状况、健康水平与流动时长作为控制变量也纳入统计模型。其中，将政治面貌和婚姻状况处理为虚拟变量，将年龄、年龄平方、受教育年限、健康水平、流动时长都处理为定距变量。公式为：

$$Y = \beta_0 + \beta_1 X_{i1} + \beta_2 X_{i2} + \cdots\cdots + \beta_n X_{in} + \varepsilon$$
$$i = 1, 2, \cdots\cdots, n$$

Y 是因变量就业质量；β_0 是模型的未知参数，为常数项；X_{in} 是各个自变量，分别是年龄、年龄平方、受教育年限、政治面貌、婚姻状况、健康水平、流动时长、生育子女数、社会信任、社会公平、社会参与、社会网络；$\beta_1\cdots\cdots\beta_n$ 是各自变量的回归系数，表示各自变量 X_{in} 对因变量 Y 的贡献值；ε 为随机误差。

（三）实证检验

1. 生育代价在不同群体间的差异比较

通过对生育子女数与流动女性群体就业质量平均水平的拟合曲线的观察，我们可以清晰地看到子女数与流动女性的就业质量水平呈递减关系。随着子女数的提高，流动女性的就业质量水平有不同幅度的下降。没有生育子女的流动女性的就业质量平均得分为 0.44 分，生育 1 个子女的为 0.28 分，生育 2 个子女的为 0.11 分，生育 3 个及以上子女的就业质量平均得分则低于0.09分。由于使用的是同一问卷,没有时间跨度,并涉及相同指标,所以流动女性、流动男性、户籍女性、户籍男性这四个不同群体具有一定的可比性,比较结论的信度和效度也相对较高。在图5-4可以发现,四组样本中,户籍男性的就业质量处于最高端,户籍女性的就业质量略高于流动男性的就业质量,但当子女数在2个及以上时,户籍女性的就业质量则开始低于流动男性的就业质量,而且差距越来越大。流动女性的就业质量一直处于最底端,侧面说明她们的职务收入、职业声望、职位权力等大多不高。

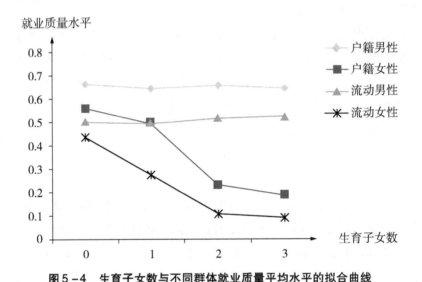

图5-4 生育子女数与不同群体就业质量平均水平的拟合曲线

从流动女性和流动男性的性别对比来看,首先,子女数量的增多,会明显降低流动女性的就业质量,但对流动男性没有显著影响。如图5-4所示,生育对流动女性的就业质量影响更大。例如,拥有1个子女的流动女性的就业质量平均值比相对应的流动男性低0.22分,拥有2个子女的流动男女的就业质量水平差距在原来的基础上再扩大0.19分。原因可能是,女性流动人口较男性流动人口而言,需要承担怀孕、哺乳等男性不能替代的职责,而此类生育活动通常会造成流动女性职业生涯的中断,不利于其就业水平的提高。另外,流动女性更容易受到传统社会性别意识与两性角色分工的影响,职业信心和期望相对不足,而且通常需要负担更多的如子女照料等无酬家务劳动，这些无酬劳动往往迫使她们需要在家庭和职业之间进行艰难平衡。

图5-4还显示了不同生育水平的流动女性与户籍女性就业质量的分布情况。从子女数上观察流动女性和户籍女性的就业质量，可以看到，子女数量的增加均会降低二者的就业质量平均得分，但子女数量对前者的影响比对后者更大。当仅有1个子女时，户籍女性的就业质量明显高于流动女性的就业质量；但当拥有2个以上子女后，二者间的就业质量差距则不断缩小。这可能是因为在原先的计生政策下，生育2个及以上子女的户籍女性也大多为非正规就业，其就业质量水平也普遍不高。

2. 社会资本在生育与流动女性就业质量间的实证估计

为防止共线性问题，在统计分析前，研究已检测了各自变量间的相关关系，多重共线性检验结果显示，各个自变量的容忍度均在0.366以上，这表明各相关系数都在可接受范围内，回归方程不存在共线性问题。于是采用强行进入法对综合模型进行拟合。为了厘清生育和社会资本对流动女性就业质量的影响情况，分别建立了两个回归模型。首先引入年龄、年龄平方、受教育年限、政治面貌、婚姻状况、健康水平、流动时长、生育子女数等变量进行回归分析，形成基准模型1；随后以模型1的变量作为控制变量，将社会资本的各个变量纳入回归模型进行分析，形成模型2。分析结果见表5-6。此外，为了提高上述计量方式统计分析的稳健性，我们对模型进行white检验，样本的P值分别为0.1315、0.1642，说明回归结果稳定可信。

表5-6 流动女性就业质量影响因素的多元回归模型（Beta值）

项　　目	Model 1	Model 2
控制变量：		
年龄	-0.147**	-0.135**
年龄平方	0.012	0.020
受教育年限	0.194**	0.152**
政治面貌[a]	0.071	0.043

续表 5-6

项　　目	Model 1	Model 2
婚姻状况[b]	0.055	0.067
健康水平	0.386***	0.223***
流动时长	0.252***	0.245***
生育子女数	-0.338***	-0.119
社会资本变量：		
社会信任	—	0.294***
社会公平		0.386***
社会参与		0.382***
社会网络		0.317***
Constant	8.009	9.024
AdjR^2	0.156	0.332
F	1.221**	3.358***

注：①参照组：a 为中共党员，b 为未婚。② *** 表示 $P \leq 0.001$，** 表示 $P \leq 0.01$，* 表示 $P \leq 0.05$。

在表 5-6 的多元回归模型中，模型 1 是基准模型，模型 1 进一步验证了生育对就业质量有负向作用的观点，每多生育一名子女，就业质量就会降低 0.338 分，这和以往的一些研究是一致的。剔除社会的因素，从个体层面来看，其具体解释无非是两大方面。一方面，女性作为人口再生产的直接承担者，怀孕、哺乳、照料等经历，客观上导致流动女性无法充分投入工作；另一方面，生养子女也导致她们从主观上逐步放弃对事业理想的追求，降低对职业的期望，从而对其就业质量产生不利影响。

模型 2 是在控制生育、社会资本、就业质量各变量的交互作用后，在模型 1 的基础上，依次加入了社会信任、社会公平、社会参与、社会网络等社会资本相关因素。具体看来，社会资本各变量与就业质量的关系均在统计上显著。换言之，社会信任、社会公平、社会参与、社会网络均会显著提高流动女性的就业质量，假设 2 得到证实。首先，如模型 2 所示，社会信任可以显著提升研究对象的就业质量。这说明受访者对社会上绝大多数人的信任程度越强，其就业质量水平也越高。在模型中，若社会信任得分增加1个单位，被访流动女性的就业质量就会上升0.294分。其次，回归模型表明，认知社会资本里的公平变量和流动女性的就业质量存在正向强关系，而且在0.001的水平上统计显著。即女性受访者的主观公平感越强，就业质量水平越高。再次，研究估计结果显示，较高程度的社会参与能够增进流动女性的就业质量，社会参与对流动女性就业质量的回归系数显著为正。可见，参加工会活动等对流动女性的就业质量有重大的意义。最后，在社会网络与就业质量方面，表5-6显示，社会网络变量的回归效应正向显著。这表明，对于流动女性而言，社会网络的增加，有利于提高其就业质量水平。数据结果表明，流动女性的社会网络水平每提高1个单位，就会使其就业质量提高0.317分。

然而，对比模型1和模型2，研究发现，加入社会资本各变量后，不仅模型的综合解释力从15.6%上升到33.2%，而且流动女性的子女数和其就业质量之间的负向关联显著降低。孩子数量对流动女性就业质量的影响虽然在方向上没有发生扭转，但"生育代价"明显变小，而且检验显示，生育子女数对流动女性的就业质量的作用，在统计上的显著意义降低，仅在5%的显著性水平上显著。同时，这也表明，随着社会资本的推进，生育对流动女性就业质量的负向作用趋于弱化，假设3得到证实。

（四）反思

在以伦理本位、关系取向为特性的中国社会中，社会资本更加契合和适用，因而也具有更为重要的理论和实践价值。本节基于2013年全国综合社会调查的监测数据，应用多元回归模型估计了社会资本在生育与流动女性就业质量之间的调节作用，研究发现，在加入社会资本各变量后，虽然生育对流动女性的就业质量水平有消极作用，但这种负向影响会随着社会资本的介入愈发弱化。认知性社会资本（社会信任、社会公平）和结构性社会资本（社会参与、社会网络）均会显著削弱生育对流动女性就业质量的消极影响。也就是说，社会资本各变量能够在一定程度上消解生育对流动女性就业质量的负面效应。

首先，研究结果发现，社会信任和社会公平是影响流动女性就业质量的重要因素，社会信任感和社会公平感越高的流动女性，其就业质量也越高。随着城镇化的飞速发展，我们正逐步进入陌生人的社会。在流动女性的职业环境中，难免会接触到许多陌生人，而社会信任的严重缺失所带来的疑虑和不安，必然会增加流动女性职业沟通的成本，从而影响其就业质量的提升。社会公平感关注的则是社会中的人、事物、财富资源等按照何种逻辑进行配置，它体现的是人们对社会中个体和群体的利益共享与公平待遇的心理感知。而惧怕遭遇社会不公和歧视等所带来的负面情绪在一定程度上也会影响流动女性的工作表现。相比较而言，新一代流动女性的社会信任水平更低，但对公平有着更高的诉求。在当前急剧转型的中国社会中，重构社会信任和社会公平的着力点，必须流动女性把对其他人的信任和社会公平感建立在对社会制度和规范的信任基础之上，法治才是社会信任和社会公平的内生基础。因此，要以建立和健全法律法规为主要途径，努力拓宽以契约规则为基础的制度信任和社会公平范围，从而提升流动女性的就业质量水平。针对流动女性的就业歧视行为，除了要明确用工单位违反法律必须承担的处罚措施和具体后果外，更要明确相关职能部门的监管职责，以及遭遇就业不公当事人的诉讼程序和救济渠道，营造信任公平的良好融入氛围。同时，在生育新政背景下，对于女性流动人口，有必要采取有针对性的保护扶持举措，如积极兴办公立和平价私营托幼机构，加强流动女性托幼公共服务的均等化等。

其次，分析结果显示，社会参与和社会网络对流动女性的就业质量发挥着显著的影响。相比之下，社会参与和社会网络水平越高的流动女性，其就业质量水平也越高。社会参与和社会网络等结构性社会资本不仅体现为搜集和传播职业信息的信息桥的作用，而且还发挥着职业晋升人情网的作用，即从业者可以通过关系网络在工作岗位和工作过程中获得主管部门和领导的帮助和照顾。所以，结构性社会资本越高的流动女性，越容易获得质量较高的工作，并且得到更大职业发展机会的可能性也越大。因此，在全面两孩政策下，为了减轻流动女性的生育顾虑，实现鼓励流动妇女按政策生育的目标，有必要建立流动女性就业结构资本的良性循环增值模式。女性流动人口可以通过社区这一组织化的载体，发现并利用一些有利于自身职业发展的社会组织。其中，应充分发挥妇联等群团组织、社会组织在培训供给方面的作用。首先要强化宣传，提高培训信息的知晓度；安排灵活，提高培训服务的便利性；注重需求，提升培训内容的实效性；既要培训其专业技能更要培养其自强精神。另外，充分整合各方资源，扩大相关组织的社会资本，使之为流动女性的职业发展提供广泛的途径。尤其要注重挖掘这些现有的潜在资源，创造社会资本的循环模式。在这个模式中，社会组织通过提供大量广泛的就业服务，进而扩大组织本身在社会中的正面影响，为自身的组织发展增加新的社会资本追随者和支持者，在加深公众参与的同时，解决了许多流动女性个人无力应对的就业困难。如此循环往复，有利于为处于变迁中的流动女性赢取更多的就业资本存量，改善其就业质量状况。

四、残疾女性的生育权利和就业保障

残疾人士如同一般人一样，拥有生育和就业的权利。生育和就业对于残疾者而言，是他们全面参与社会生活、实现自身价值与权利的重要途径。然而，残疾人士因为先天或后天的因素，在生理或功能方面有不同或不便之处，从而使其在生育和求职过程中会遭遇到许多常人难以想象的困难和问题。帮助解决残疾人士的生育和就业问题，是全社会和政府应当关注的一件大事，也是人道主义的体现。

残疾女性是残疾人和女性两个身份的合体，在社会权利范畴上是备受忽视的人群之一。她们会受到比一般的女性或残疾人士更为多样及复杂的挑战。残疾女性虽然身体机能上不够健全，但只要符合生育条件，就同样适用于新时期的人口生育新政。然而，目前学术界关于残疾女性生育问题的研究几乎空白。作为特殊群体，生育对残疾女性的就业有何特殊影响？如何针对残疾女性的生育和就业困境进行精准帮扶？关于这些问题的探讨对保障残疾女性权益、制定科学的残疾女性的生育和就业政策，都具有一定的现实意义。

（一）理论回顾

1. 残疾人的就业及其性别影响

在针对残疾人就业问题的相关研究中，发现残疾人的就业形势不容乐观，残疾人的就业难问题由来已久。残疾人在就业问题上处于弱势与边缘化的地位，大体呈现出就业率低、就业层次低、工资水平低等特点。在残疾人士就业问题的解决领域，专家学者们大多认同，解决残疾人士的就业问题不仅需要政府部门完善法律法规并有效落实相关扶持政策，还需要进一步寻求创新残疾人士就业模式，对残疾人士进行定期职业培训，以不断加强其就业能力等。

在残疾人就业概念的统计测量上，国内外的研究大多是从宏观层面衡量残疾人的就业率，但单纯的就业率难以准确反映其就业权利的具体实现情况。仅有少数国外定化研究，从经济层面、权力状况等多个维度，对残疾人的就业状况进行综合测量。目前，国内也尚未有针对残疾人士就业实现状况的系统测量体系，国内理论和实务界的测量维度通常比较单一，多数从就业率和工资收入这两个指标来测量残疾人是否充分就业。如在残疾人就业的具体调查研究方面，学者张秀梅通过深入福州25个社区，对残疾人的就业率进行随机抽样，调查结果显示，残疾人士的就业问题仍然面临许多困难。学者刘同昌通过随机调查的方式对青岛35个社区中的年龄为18~55岁的残疾人士的工资进行抽样，经过数据分析得出，残疾人士的工资偏低，自身实现充分就业的条件与能力均相对不足。

在关于残疾人就业状况的影响因素中，值得注意的是，诸多研究证实，在不同国家和地区，残疾个体的性别因素会在不同程度上影响残疾人的就业状况，女性残疾群体在劳动力市场上可能面临性别和残疾的双重歧视。梅兰妮（Melanie）等人分析了英国不同性别残疾人的就业机会和工资待遇，发现相较于残疾男性，残疾女性遭受来自性别和残疾的双重就业歧视，这种歧视使残疾女性在就业和收入方面的弱势都更加凸显，而相关立法可在一定程度上消除这种歧视。有学者对西班牙残疾女性的就业研究发现，存在残疾人就业的性别歧视，尤其在农村地区，诸如缺乏针对残疾女性的就业信息和就业服务等这些外部因素显著地阻碍了该群体进入劳动力市场，使她们无法较好地融入以男性为主的残疾社团。还有研究者通过分析美国男女残疾人的工资发现，即使工作能力等因素被控制后，不同性别的残疾群体仍存在着严重的薪酬差异，残疾男性比正常男性的工资低10%左右，而残疾女性则比正常女性的工资低20%左右。

2. 女性就业的生育影响

在国外，生育和女性就业的关系研究开始于家庭经济学理论，该理论以贝克尔为代表，在微观经济学效用论的分析基础上，认为女性就业还是生育以及生育孩子的个数等理性决策行为都是围绕家庭效用这一目标。关于女性生育对其就业的影响方面，西方国家的大量研究成果表明，生育对女性的工作表现等有显著的不利影响，生育越多的女性其劳动参与就越低，已生育女性的就业水平低于还未生育的女性的就业水平。此外，生育以及后续的子女照料除了会影响女性是否继续工作外，也会影响其劳动参与的模式。年幼的子女通常需要母亲花费更多的时间和精力。比如在欧洲，子女在6岁以下的女性从事兼职工作的比例将近1/2，兼职工作有利于为女性提供相对灵活的工作时间，但兼职工作的提升机会较小，也很难进入管理岗位和赚钱的行业。有文献显示，每多生一个孩子会使女性收入降低大约10%，因此，许多女性选择少生育甚至不生育以规避"生育代价"。但也有学者认为，职业女性的就业不受生育的显著影响，二者之间的关系会随着如女性的人力资本、孩子的情况以及社会政策和环境等其他因素的影响而变化。

国内大多数研究表明，生育和女性就业间通常存在负相关关系，如家庭中的婴儿或学龄前儿童将降低已婚妇女的就业率，而且生育能够在一定程度解释我国男女两性的就业工资差距。利用中国健康与营养调查追踪数据，有研究对女性收入受到生育的影响方面进行了分析，结果显示，生育对我国女性的收入有显著的不利影响，每生一个孩子会导致女性收入下降7%左右；同时，这一消极作用随着子女的数量逐渐递增。此外，研究者们不仅关注女性"生育代价"的幅度，还探讨了女性"生育代价"的产生机理，他们大都认为，雇主的歧视以及女性自身的职业选择和表现是"生育代价"产生的两个主要原因。随着全面两孩政策的制定和施行，学术界关于女性公平就业和职业发展的敏感神经被再次触动。诸多学者从各方责任的角度对生育新政下女性的就业保障出谋献策，以各种方式促进女性就业，如在劳动就业、儿童教育等一系列公共政策制定中纳入性别平等理念；加强对用人单位的监管；不断增强托幼园所建设；提倡老人帮助照料孙子女，男性主动分担传统家务等家庭照料支持；提高生育津贴、建立多层次的生育保险制度；等等。

3. 评价

通过文献检索可以发现，虽然已有的文献提供了有益的启示与借鉴，但仍存在以下缺失。

首先，关于残疾人生育和生育对残疾女性就业的相关影响的研究几乎空白，这与残疾人事业发展的社会需求不相适应。虽然国内外关于女性生育对就业的影响的研究非常丰富，但直接关注残疾女性生育和就业的文献仍然有限。大多数关于生育新政实施后生育对女性就业的影响研究，更多地将研究对象集中在女性整体或城镇女性等，较少专门关注生育政策调整背景下残疾女性这一特殊群体的就业保障问题。

其次，国内对残疾人就业的研究主要集中于政策的视角，多是规范式的宏大叙事，或者是一种基于数据观察的粗略描述，关注残疾个体就业的微观研究相对匮乏。然而，残疾人个体具有不同的发展特征且个体间差异大，这些因素会不同程度地影响着残疾个体的就业。但由于残疾人调查数据来源的缺乏，目前大多数学者在研究残疾人问题时都是按照"现状—问题—原因—对策"的模式进行。并且，由于经费等因素的制约，所获得的数据也存在较大的局限性。这使得各类因素的作用，尤其是定量作用很难得到区分。

最后，学界关于女性就业的影响分析上，大多集中于验证女性就业率和收入的影响因素，认为残疾女性能就业就已属幸运，因此，缺乏对女性，特别是残疾女性职业声望、职业权利等更高层次的就业质量的影响程度、内在影响机制等问题的系统深入研究。

所以，生育政策调整背景下残疾女性的就业促进研究是一个具有一定时代意义，并需要在理论解释与统计检验层面上进一步往前推进的研究课题。基于调查数据的代表性、可获得性以及研究的需要，本节将运用中国健康与养老追踪调查抽样数据,通过综合性的对比与分析,研究残疾女性的就业特征,系统探讨残疾女性的人口、生育等指标与其就业状况之间的关系,从而提出有利于促进残疾女性生育权利与就业保障的可能对策。

(二) 数据与模型

1. 资料来源

本节使用的定量资料是中国健康与养老追踪调查2015年的全国追访数据。该数据具有丰富的个人与家户信息,内容涵盖基本信息,家庭状况,健康状况和功能,医疗保健与保险,工作、退休和养老金,收入、支出与资产,住房状况,等等,是具有全国代表性的大型跨学科调查数据。该大型家户调查项目是由北京大学国家发展研究院主持、北京大学中国社会科学调查中心与北京大学团委共同执行,调查覆盖了云南、福建、青海、四川、河北、江西、新疆、北京、内蒙古、江苏、重庆、甘肃、黑龙江、广东、辽宁、山西、上海、天津、浙江、吉林、广西、安徽、湖北、陕西、山东、河南、湖南、贵州,共28个省级行政地区。2015年分别在全国这28个省(自治区、直辖市)的150个县、450个社区(村)开展调查访问,其样本已覆盖总计约1.24万户家庭中的2.3万名45岁及以上的受访者。根据研究目的,本节仅筛选出残疾人样本,并删除了信息有缺失的观测值,最后的样本值共包含3601个个体,其中,男性受访者1755人,占样本总量的48.74%;女性受访者1846人,占样本总量的51.26%。

2. 变量选取与操作化

本节的因变量是残疾女性的就业机会和就业质量,具体测量框架如图5-5所示。就业机会即人们是否在从事为获取报酬或经营收入进行的社会活动,本节用当前是否工作来进行测量。就业质量则反映的是人们所获得的具体工作中所含有的财富、声望、权力等固有特征的优劣程度,用职务收入、职业声望、职位权力三者共同测量。在问卷中,职务收入是直接通过询问被访者"把奖金等各种收入都算在内,您过去一年拿到多少钱(扣除社会保险和个人所得税后)?"获得;职业声望归为以下五类,私人户(如个体户、农户、居民户)、非营利机构(如社团、协会、学会等)、企业单位、事业单位、政府机构,分别赋值1~5分,得分越高,表明职业声望越高;职位权力是通过问题"您是否管理别人?您管着多少人?"来衡量,回答分为"0人""1~5人""6~10人""11~15人""16~30人""31~99人"六种,分别赋值1~6分,得分越高,表明职位权力越大。本节在标准化处理相关数据后,综合我国的职业发展特点以及问卷调查中可用的指标设定,运用因子分析法将职务收入、职业声望、职位权力3个指标合成公因子"就业质量"。因子分析是旨在简化指标的一种方法。首先,将相关的调查数据进行统一,即原始数据答案不管有多少个等级,都重新分为三个等级,并注意回答的强、弱方向的统一性。然后,分析这些指标的信度系数,得出 Cronbach's Alpha 信度系数是 0.8327 后,经过变值精简法旋转后,得到一个公共因子,将其命名为"就业质量",其累计方差贡献率达 59.421%,KMO 检验值达 0.816。

本节的主要解释变量为生育变量,包括生育数量、生育性别、生育时间、生育质量。分别通过"您有多少个亲生子女?子女的性别是什么?('女=0''男=1')子女的出生年份是哪一年?子女的身体情况怎么样?('很不好=1''不好=2''一般=3''好=4''很好=5')"这几个问题来测量。

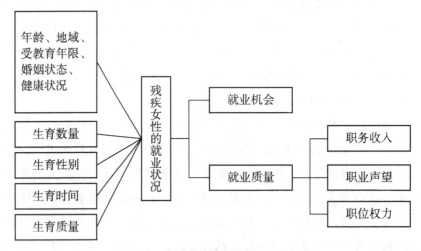

图 5-5 残疾女性就业状况的测量框架

除了生育变量，在统计估计时，研究还控制了可能会影响残疾女性就业的一些个体基本因素。其中包含受访者的年龄、地域（"农村=0""城市=1"）、受教育年限、婚姻状态（"无配偶=0""有配偶=1"）、健康状况（"很不好=1""不好=2""一般=3""好=4""很好=5"）。

（三）统计估计

1. 分性别残疾人口的就业状况

如表5-7所示，残疾男女的在业比率差异较大。根据抽样调查的结果，残疾男女的样本总人数基本相差不大，但从表5-7的数据分析来看，男性残疾人的在业比率却远远高于女性残疾人的在业比率。已就业残疾人中，残疾男性人数为787人，占67.50%；残疾女性人数为379人，占32.50%，残疾男性就业人数是残疾女性就业人数的两倍之多。这一定程度上表明，性别差异可能致使残疾人中男性相对容易就业，而女性则并不容易解决就业的状况。究其原因可能是出于，长久以来，人们在"男人是一个家的顶梁柱""男儿当自强"等传统性别观念的影响下，认为男人更应自立自强，担当起赡养老人、抚养儿女的养家糊口的重任，在这种情况下，男性残疾人会更倾向于自我加压去寻找更大的就业机会。

表5-7 残疾女性与残疾男性的就业机会分布情况

就业机会	残疾女性		残疾男性		合计	
	人数（人）	百分比（%）	人数（人）	百分比（%）	人数（人）	百分比（%）
在业	379	32.50	787	67.50	1166	32.38
不在业	1467	60.16	968	39.84	2453	67.62

从就业质量角度来看，抽样调查结果表明残疾女性与残疾男性之间也存在着较大的差异（见图5-6）。图5-6是残疾女性、残疾男性二者在就业质量上的平均得分分布情况。总体来说，图5-6所呈现出的数据表明，在已就业的残疾人中，残疾男性的就业质量平均得分高于残疾女性，残疾

女性的就业质量较低。具体来讲，关于就业质量，残疾女性的平均得分为 0.59 分，而残疾男性的平均得分为 1.02 分。男女两性残疾人就业质量的对比存在差距，也在一定程度上表明了性别差异可能是影响女性残疾人士就业质量的直接外部因素。

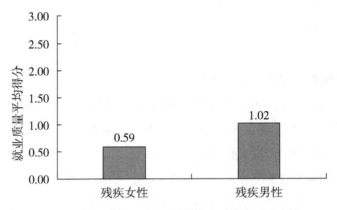

图 5-6 残疾女性与残疾男性的就业质量水平分布情况

综上分析，与残疾男性相比，女性残疾人的劳动参与率更低，就业质量更差。由表 5-7 和图 5-6 可知，无论是就业机会还是就业质量，残疾男性和残疾女性均存在一定程度的差异。在残疾人群体中，残疾男性的在业比率显著高于残疾女性。相对于男性残疾劳动者就业而言，女性残疾劳动者就业更加困难。并且，在就业质量指标的平均得分上，与残疾男性相比，残疾女性的就业质量也呈现出更低的态势。由此可见，性别可能是影响残疾人就业的重要因素之一，残疾女性群体有着自身更加鲜明、更加值得关注和令人担忧的就业状况，这其中既有生理方面的原因，也有传统性别规范等复杂的社会文化原因。

但以上分析只涉及不同性别残疾人就业间的单个变量，缺乏对其他指标的控制，因此，研究将继续建构统计模型，并探讨影响不同性别残疾人就业的人口、生育因素及异同。

2. 残疾女性就业状况的回归发现

本节估计了各因素与残疾人就业的关系。为检验相同因素对不同性别群体的影响差异，在进行数据分析时对男、女两性分开建模，将总样本分为残疾女性和残疾男性两组,对影响两组群体的就业机会和就业质量进行估计。在4个模型中,依次放入了生育数量、生育性别、生育时间、生育质量等生育各变量,以及年龄、地域、受教育年限、婚姻状况、健康状况等人口学特征变量,探讨这些个体因素对残疾人就业的影响效应。从模型整体效果上看,引入各变量后4个模型的解释力均较强。分析结果见表5-8。

表5-8 分性别残疾人口就业状况的回归分析

变量		残疾女性		残疾男性	
		就业机会 Exp(b)值	就业质量 B值	就业机会 Exp(b)值	就业质量 B值
控制变量	年龄	-0.202**	-0.213**	-0.208**	-0.206**
	地域(城市=1)	-0.204**	-0.190**	-0.189**	-0.200**
	受教育年限	0.335***	0.301***	0.306***	0.314***
	婚姻状况(未婚=1)	0.037	0.045	0.091	0.054
	健康状况	0.283**	0.297**	0.288**	0.272**
生育变量	生育数量	-0.340***	-0.351***	-0.095	-0.084
	生育性别	0.047	0.013	0.051	0.036
	生育时间	0.025	0.069	0.018	0.071
	生育质量	0.354***	0.378***	0.295**	0.291**
	Constant	2.056	3.627	1.811	1.905
	R^2	0.293	0.308	0.265	0.284

注:*** 表示 $P \leqslant 0.001$,** 表示 $P \leqslant 0.01$,* 表示 $P \leqslant 0.05$。

从模型的分析结果中可以发现以下七个特点。

(1) 残疾人口随着年龄的增加,其就业机会和就业质量显著降低。研究估计结果显示,不同年龄残疾人的就业状况明显不同。由于本数据的研究对象都是45岁以上的残疾人口,45岁一般是就业难的年龄分水岭,45岁以上的部分残疾人口已开始逐渐退休。从当前的社会状况和残疾人的生活背景分析来看,用工单位更多地偏向于启用经验相对丰富的中年人员。随着残疾人年龄的增加,考虑到退休年龄、身体状况和养老支持等,残疾人就业的机会和质量普遍会显著降低。

（2）城市残疾人口的就业状况差于农村。按常理说，城市残疾人口的就业状况应好于农村，因为城市比农村发达，可以提供更多的就业岗位，但本研究的数据分析却发现，城乡地域对残疾人的就业呈反向显著影响。原因主要有两个：一是城乡地区的社会保障系统存在差异。城市残疾人口拥有比较完善的社会保障体系，可以享受一定的生活救助和政府补贴，因此，城市的残疾人口相对缺乏积极就业或努力工作的压力和动力。二是对农村地区残疾人的就业状况统计存在偏误。目前，关于农村残疾人的就业统计口径是将拥有生产资料并从事生产劳动的，都纳入就业范围，而事实上在中国当前的农村地区，正常人都难以通过纯粹务农来寻求生活保障，很多人不得不外出打散工来贴补家庭开支，更不用说农村的残疾人能否通过生产资料来实现真正的就业了。

（3）教育水平的提高对残疾人口就业具有更重要的促进作用。模型中我们可以清晰地看到，随着文化程度的提高，残疾男女的就业水平也随之提高，残疾人文化程度的高低对残疾人就业存在着正比例的影响关系，即一般情况下文化程度越高的残疾人，越容易实现就业，就业质量也更高。对比两性残疾人就业状况模型的结果，发现无论是残疾女性还是残疾男性，教育投入都会给他们带来较大的就业回报，教育对于激励残疾人口劳动参与、释放残疾人口就业潜力有突出的意义。近些年，尽管我国的残疾人特殊教育获得了较大发展，但对残疾人的教育还没有引起各方足够的重视。从某种意义上讲，受教育水平低是残疾人就业机会较少、就业质量不高的主要原因之一，因此，残疾人在接受教育方面更需要得到家庭和社会各方面的支持。

（4）自身健康状况对男、女两性残疾人口的就业水平均有显著正向影响。关于健康状况对男女残疾人就业的影响，各模型结论一致。影响模型的结果显示，健康状况好的残疾人，就业状况也更好。与健康状况较好的残疾人相比，健康状况较差的残疾人的就业概率更小，就业质量更低。健康是衡量人力资本的重要维度，一般而言，劳动力的自身健康水平与其就业机会和就业质量之间成正比，劳动力自身的身体素质越高，就业机会和质量也越高。身体原因无疑成为残疾人进入劳动力市场的一大障碍，在就业问题上，健康与就业之间存在着内生联系，残疾人的自身健康状况决定了他们的工作是否受到限制。健康状况差的残疾群体有可能影响日常生活，无法完成基本工作，社会对这类残疾人提供的工作机会较少，随着健康状况的下降，其劳动参与的概率会逐渐下降；同时，健康状况恶化也会显著降低残疾人口的就业质量。

（5）生育数量会显著降低残疾女性的就业水平，但对残疾男性就业则不存在显著性。实证分析表明，残疾女性的生育子女数和其就业状况之间呈现出高度的负向相关性（$P \leqslant 0.001$），生育子女数量的增加会显著降低残疾女性的劳动供给，并且显著降低在业残疾女性的就业质量水平。这说明，子女的数量是阻碍残疾女性就业水平提升的一个重要因素，子女数越多的残疾女性，其就业状况相对越差。然而，残疾男性模型中，生育子女数对残疾男性的就业影响虽也为负向，但并不显著。一般情况下，子女需要母亲投入更多的时间和精力。因为女性较之男性而言，需要承担怀孕、哺乳等男性不能替代的职责；同时，受到传统两性家庭角色分工的影响，女性一般需要负担更多的如子女照料等无酬家务劳动，这些无酬劳动往往迫使她们需要在家庭和职业之间进行艰难平衡。因此，育有子女的残疾女性比无子女的残疾女性，对家庭的付出成本通常更高。

（6）生育性别和生育时间对残疾人口的就业状况无显著影响。生育性别对残疾人口的就业状况无显著影响，这一结论基本符合我们对子女性别与残疾人就业关系的日常经验。然而，生育时间方面，以往研究结果显示，一般婴幼儿子女具有降低女性劳动供给的效应，其中处于抚养阶段的孩子是女性放弃就业和就业质量不高的重要原因之一。但不同年龄阶段的孩子对女性就业有不同程度的影响，一般仅学龄前儿童个数对女性的职业具有显著负影响，因为女性需要通过放弃工作或减少自己的工作时间来照顾她们的学龄前孩子，而当家庭中孩子进入中学阶段后，其对母亲就业的影响开始减少，随着孩子年龄的进一步增加，其对母亲的束缚作用也在逐渐减弱。由于本节的分析对象为45岁以上的残疾人士，其若有子女一般也已经接近成年，所以研究结果并未显示出显著性。从回归结果来看，家庭中年龄较大的孩子对残疾女性就业的影响已经开始并不显著，孩子长大后并不能成为束缚残疾女性就业的主要原因。

(7) 子女健康对残疾女性就业状况的影响更大。回归分析表明，残疾人的就业不仅受自身健康水平的影响，还受制于子女的健康水平。但子女健康对残疾男性就业状况的影响程度亚于残疾女性，子女健康能够更为显著地影响残疾女性的就业状况。由于提高子女健康水平，需要大量的照护时间，所以，子女的健康状况将直接影响到整个家庭的效用水平，子女健康水平越低，用于护理照料的时间就越多，照料人的外出劳动时间会减少，家庭收入下降，照料人的就业机会和就业质量也随之下降。在我国家庭中，家庭成员的就业决策是综合考虑家庭效用的结果。当家庭中有不健康子女或子女的健康状况恶化时，为实现家庭效用最大化，其他家庭成员一般需要花费一定的就业和生产时间进行护理，尤其是作为母亲的残疾女性人口。因此，子女的健康状况越差，残疾女性就业的水平就越低。

（四）讨论

本节以残疾女性作为研究对象，使用 2015 年中国健康与养老追踪调查的全国追访数据，从微观视角分析了残疾女性个体就业的状况和主要影响因素，对指导和促进该群体的生育和就业具有一定现实价值。为更加全面地进行分析，根据研究策略，分别以残疾男女的就业机会和就业质量为因变量，以生育指标为主要预测变量，同时加入年龄、地域、受教育年限、婚姻状态和健康状况等作为控制变量，建立回归模型。研究结果表明，较之残疾男性，残疾女性的劳动参与率更低、就业质量更差，其总体就业状况可谓更加严峻。并且，生育对不同性别残疾人就业的影响机制既有相同之处，也存在性别差异。一方面，生育性别和生育时间对男、女残疾群体的就业均没有显著影响；除此之外，综合上述对于表 5-8 中的数据关系阐释，不难发现一些人口特征变量对残疾个体的就业均有显著效应，不论是残疾女性还是残疾男性，年龄和地域都显著抑制了他们的就业，而受教育年限较长和良好的健康状况这两个因素对残疾群体的就业则均有显著促进效应。另一方面，生育子女数量的增加会给残疾女性的就业带来显著的负面作用，而残疾男性的就业状况则几乎不受其影响；生育质量是两性残疾人就业机会和就业质量分层的关键决定因素之一，对残疾女性尤为如此。

总体看来，关于生育与残疾人就业关系的上述性别差异，突出表现在生育数量和生育质量上，生育数量和生育质量是造成残疾女性与残疾男性之间就业差异的主要原因。

生育不仅仅是一个决策，孩子不仅仅是夫妻爱情的结晶，对残疾女性而言，生育孩子更代表着对自身现时幸福损耗与未来预期收益之间的理性权衡。作为特殊群体，残疾女性在决定是否生育二孩或更多小孩时，应适当对自身情况进行理性考量，把从对孩子数量的追求转变为对孩子质量的关注。但残疾人也拥有生育的权利，在身心允许的情况下，政府和社会也应尽可能保障有二孩生育意愿和行为的残疾女性就业，降低生育对残疾女性的就业影响。

就业是残疾女性平等参与社会、获得幸福生活的基础。近年来，我国对残疾女性群体的就业给予了积极的政策关注。除了继续在残疾人教育方面加大扶持力度，发展社区就业、推广网络居家就业等外，还应注重利用现代医学生殖技术，最大限度地防范残疾人子女的健康缺陷。当前，残疾人生育仍然缺乏配套保障政策。现有残疾人的保障文件中鲜有涉及残疾人生育权益的保障问题。不容置疑的是，残疾人同样拥有生育权。主张优生优育和尊重残疾人的生育权并非完全对立。有些地方以优生优育为由，出台了一些严格限制残疾人生育的地方法规和条例，这不仅违背了生命伦理原则，也侵犯了残疾人的生育权利。我们认为，现代生殖技术越来越发达，可以更多地提倡积极优生学，给残疾人朋友更多机会生育健康子女。如提倡对某些遗传病家族实施现代医学的生殖技术，优化残疾人后代的遗传素质。为了防范出生缺陷，我国实行孕前优生健康检查、孕期健康检查和新生儿基因筛查的三级预防策略。实践表明，有现代医学技术的保驾护航，很多残疾人夫妇也可以生育健康孩子。在预防先天残疾方面需要加强宣传教育，提高育龄残疾妇女对生殖健康相关知识的重视和认识程度，进一步完善三级预防干预制度和工作机制，充分运用现代医学技术，尽可能地减少和避免育龄残疾妇女因子女出生缺陷所造成的身心伤害与经济负担，减轻其生育和就业的顾虑。

第六章 生育与健康

一、社会支持网和新生代女农民工的身心健康

大规模的农民工群体繁荣了社会经济，为我国的城乡文化互动做出了巨大贡献。可是，这些流动者往往面临着突出的公共健康风险。历时二三十年，农民工内部出现了代际分化，第一代农民工逐渐退出历史舞台。《中国流动人口发展报告（2014）》指出，从总量上看，新生代农民工已经成为流动人口的主体。所以，崛然兴起的新生代农民工的身心健康不仅是一个卫生问题，还是一个关系到我国工业化和城市化进程与质量的社会问题。在新的历史条件下，尽管新生代女农民工的自身素质和社会境遇与老一代农民工相比，在不断地提高和改善，但其生存与发展中的身份尴尬和现实困境却尤为明显，其身心健康面临前所未有的威胁。社会支持被认为是影响人们身心健康的主要社会因素，因此，深入了解新生代女农民工的身心健康水平及其社会支持因素，并有针对性地构建其社会支持的健康促进模式的形势十分迫切。

（一）文献回顾

社会支持的概念从20世纪60年代提出伊始就与健康紧密相连。至今，国内外诸多研究结果均已证实：社会支持与个体的生理健康、精神健康之间具有正向相关关系，即良好的社会支持有益于健康，而社会孤立则有可能损害身心健康。关于社会支持与国内流动人口的健康问题，近年来也出现了部分科研产出。其中，苏莉等人使用症状自评量表和社会支持评定量

表进行测评后发现,社会支持是影响南宁市建筑工地农民工心理健康水平的主要因素。严征等研究者的抽样调查结论是,社会支持和是否遭受城市居民歧视是影响农村流动人口客观健康和自感健康的共同因素,自感健康差者缺乏政府和非政府组织的支持,家人是他们最重要的支持来源。有学者则对不同性别的流动人口进行了比较研究,发现流动妇女的社会支持和心理健康状况都比流动男性差。除了简单的描述和比较,还有研究者就流动人口的社会支持与其健康之间的关系进行了较为深入的统计分析。例如,王桂新、苏晓馨利用上海抽样调查数据,重点审视了社会支持对上海外来人口身心健康的直接效应和缓冲效应。

总体而言,目前我国学界有关流动人口社会支持对其健康影响的专题研究中,大多数学者都仅对流动人口的心理健康保护因素进行了探讨,较少全面系统地检验社会支持对身心健康的影响机制,聚焦新生代农民工这一特殊群体的相关深入研究更是寥寥可数。首先,几乎所有研究都限于局部地区的抽样调研,缺乏基于全国性权威数据的统计分析;其次,缺乏系统的理论建构,对影响健康水平的社会支持指标的划分相对笼统和随意。所以,本节将运用2010年全国综合社会调查的问卷资料,描述新生代农民工的身心健康状况及其与城镇居民、农村从未外出务工人员、外出务工返乡人员和老一代农民工的健康水平之间的差异,并重点分析本节建构的新生代农民工的社会支持圈层系统与其健康水平之间的具体关联(见图6-1)。社会支持网是指个人能借以获得各种资源支持(如金钱、情感、友谊等)以维持日常生活正常运行的社会网络。结合调查实际,本书从个体感受的不同亲疏程度出发,将影响新生代农民工身心健康的社会支持体系构建为一套由家人/亲属、朋友/同事/邻居、专业人员、政府/社会这四个从

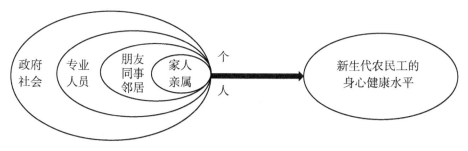

图6-1 支持圈层系统与新生代女农民工健康水平的理论解释框架

个人逐级外推、由点及面的层次所组成的"支持圈层系统"。

（二）研究资料

本节实证分析所使用的原始数据来源于中国人民大学中国调查与数据中心所主持实施的 2010 年全国综合社会调查。此次调查覆盖了中国内地的所有省级行政单位，采用多阶分层概率抽样设计，在全国一共调查 480 个村（居）委会，每个村（居）委会调查 25 个家庭，每个家庭随机调查 1 人，经过数据清理，最后样本量共 11785 个。根据研究需要，本节挑选 1980 年及以后出生的保有农村户口、在城镇从事非农作业的"新生代农民工"作为分析样本；同时，去除变量中回答"不知道""不适用""拒绝回答"和"其他应答而未回答的情况"的缺失数据值和存在不合理值个案，处理后的最终有效个案数为 711 个。

本节的被解释变量既包含身体健康，又包含心理健康，通过询问被访者在过去的 4 周中，由于健康或情绪问题对自己完成预期工作或日常活动的影响程度如何来测量。对身体健康和心理健康这两个变量进行因子分析后获得一个公共因子，其内部一致性信度较好，方差贡献率达到 58.406%，KMO 值为 0.871。预测变量则分为四组：前三组是当被调查者有需要的时候，家人/亲属、朋友/同事/邻居、专业人员分别在倾听关心、经济支持、家庭杂事三方面提供帮助的频繁程度；第四组指标由社会保障、社会公正和社会信任构成。控制变量是性别、年龄、受教育程度、个人年总收入以及政治面貌，其中，我们将受教育程度与政治面貌处理为连续变量；将性别转化为虚拟变量，男性赋值为 1，女性赋值为 0。

（三）分析与发现

1. 不同流动特征群体身心健康状况的比较研究

调查结果显示：在过去的 4 周中，新生代农民工由于健康或情绪问题对自己完成预期工作或日常活动的影响程度以"经常"最为普遍，这部分人群达到49%左右；回答"总是"的比例有7%；表示"有时"影响的研究对象的比例为33%；"很少"和"从来没有"的比例比较接近，分别仅为6%和5%。

图6-2展示了新生代农民工与城镇居民、农村从未外出务工人员、农村外出务工返乡人员和老一代农民工等不同流动特征群体自报的身心健康水平的对比情况。由图6-2的结果可见，城镇居民的健康得分最高，这可能与城镇居民对医疗资源、卫生服务的可及性高、利用状况较好有关。农村从未外出务工人员的健康得分最低，只有2.04分，这检验了我国人口流动过程中的"健康移民"效应，即健康状况好的人往往更可能迁移；同样，正在外务工的老一代农民工与农村返乡人员的健康状况对比结果也与大多数研究结论一致，符合"三文鱼偏误"假说，"三文鱼偏误"假说是指健康状况明显恶化的人一般更容易选择回流，也就是说，这部分返乡人员的健康状况一般劣于正在外务工人员，不论是老一代农民工还是新生代农民工。

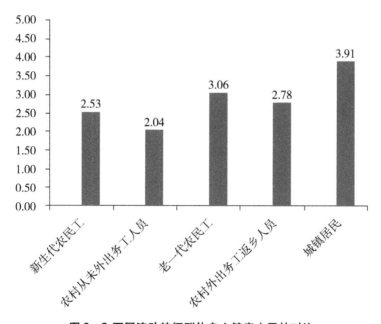

图6-2 不同流动特征群体身心健康水平的对比

但是，如图 6-2 所示，新生代农民工健康结果的平均得分是 2.53 分，在所有人群中排名倒数第二，农村外出务工返乡人员的健康得分不仅没有低于，反而还高于正在外出的新生代农民工，这与"三文鱼偏误"假说相左。同时，与老一代农民工相比，新生代农民工的身心健康分值也明显较低。一方面，这说明没有返乡而能够继续留在城市打拼的老一代农民工具有相对强大的生命力；另一方面，也揭示出新一代农民工虽然普遍更年轻，但其身心健康综合水平具有比老一代更为显著的脆弱性特征。首先，他们当中大部人从学校毕业后就直接外出，少有务农经历，对于农村、农业、土地等不像其父辈那样感情浓厚。其次，新生代农民工的成长和生活环境相对较好，由于现代资讯传播比较发达，他们所接受的信息也较父辈丰富，跟老一代流动人口相比，更注重改变生活方式和寻求更好的发展机会。最后，与上一代农民工相比，新生代农民工受教育程度较高，对于遭遇到的权利不平等现象相对敏感。这些特点使得新生代农民工在难以安家落户的城市里很容易出现各种身心问题。

综上所述，农村流动者的健康显著好于农村从未外出务工人口，这与"健康移民"效应相一致，而相比之下，本节所考察的健康指标与"三文鱼偏误"假说并不完全吻合。尽管正在外出的老一代乡—城流动者的身心情况平均得分大于农村外出务工返乡人员，但新生代流动人口的健康水平比农村外出返乡人员更差。并且，在身心健康指标的平均得分上，年轻的新生代农民工与城镇人口和老一代农民工二者相比，也均呈现出更低的态势。由此可见，兼有老一代若干特点的新生代农民工群体，有着自身更加鲜明、更加值得关注和令人担忧的健康脆弱性。

2. 支持圈层与新生代农民工健康水平的回归研究

表 6-1 为社会支持圈层系统与新生代农民工身心健康指标之间的回归结果。总的来看，在引入支持圈层系统的各变量后，相较于基准模型，模型Ⅰ预测的解释力从 4.0% 上升到 34.2%，这说明引入支持圈层各维度对新生代农民工的健康具有显著作用。通过对回归模型的进一步分析，可以得到如下发现。

表6-1 社会支持圈层系统与新生代农民工健康水平的多元回归模型（Beta值）

指标项目	新生代农民工的身心健康	
支持圈层系统	模型 B	模型 I
个人控制变量：		
性别[a]	0.121*	0.153**
年龄	0.006	0.035
受教育程度	0.095*	0.098*
年收入	-0.102*	-0.137*
政治面貌	0.040	0.072
家庭/亲属：		
情感宣泄	—	0.141*
经济支持	—	0.232**
家务帮助	—	0.020
朋友/同事/邻居：		
情感宣泄	—	0.243**
经济支持	—	0.139*
家务帮助	—	0.027
专业人员：		
情感宣泄	—	0.336***
经济支持	—	0.061
家务帮助	—	0.093
政府/社会：		
社会保障	—	0.292***
社会公平	—	0.283***
社会信任	—	0.259**
constant	9.008	10.992
adjR^2	0.040	0.342
F	1.205	3.627

注：* 表示 $P \leq 0.05$，** 表示 $P \leq 0.01$，*** P 表示 ≤ 0.001；a 参考变量为"女"。

(1) 专业人员情感支持的缺失是导致新生代农民工身心问题的关键因素之一。回归分析表明，在各类社会支持人群当中，专业人员的精神支持作用最显著，这与其在专业知识上的优势直接相关。但调研发现，新生代农民工与专业人员交流甚少。目前，我国专业社会工作仍处于初期发展阶段，社会工作在介入新生代农民工问题上还不十分普遍。另外，农民工住处分散且不稳定，有限的人力、物力和财力，很难细致投入到众多的农民工服务当中，工作的进程相当缓慢且效果不明显。总而言之，专业社会工作在如何更好地介入新生代农民工的健康服务方面，还存在许多理论和实践的难题，这些困难需要迫切找到解决的方案。

(2) 朋友/同事/邻居在新生代农民工情感宣泄上的重要性大于家人/亲属。我们的另一个研究发现是，在新生代农民工情感宣泄的健康支持领域，家人/亲属的作用不及专业人员和朋友/同事/邻居重要。这可能是由于人们在心理抑郁时，往往希望向关系平等的对象倾诉。新生代农民工更趋向于向朋友、同事和邻居寻求精神支持，是因为同家庭关系相比，非亲属关系大多更为平等。当然，对此发现，只从文化的角度进行解释并不充分，还必须考虑到部分结构因素的影响。我们认为，新生代农民工与朋友/同事/邻居在年龄、教育程度、生活空间等方面上的相近性也使他们间的情感依赖性增强。

(3) 家人/亲属的经济支持向新生代农民工发挥更明显的健康促进作用。表6-1的结果显示，相比在情感宣泄中的位置，家人亲属们在新生代农民工经济支持中的作用更加明显。中国的传统文化强调家庭关系的亲情义务，所以，家人/亲属在人们的社会支持特别是财务支持中起着关键的作用。家人/亲属之间的经济往来并非基于正常的市场原则，而是基于互相的亲情和信任，大多不用支付相应的利息，也没有正式的担保人和借据。在这种经济关系中，即便一方不具备偿还能力，但为了维持双方间的良好情感，另一方往往也同样愿意提供一定程度的经济帮助。也就是说，相比其他社会支持渠道，新生代农民工更易从家人亲属那里获得健康必需的经济支持。

(4) 社会保障与新生代农民工的身心健康高度相关。社会保障和新生代农民工的身心健康具有相当密切的关系。但在调研中，新生代农民工在社会保障方面并不乐观，大部分新生代农民工的社会保障严重缺失，购买医疗保险的比例仅占 36.5%。虽然新生代农民工多是青壮年，但生病是不可避免的。此外，和城市居民相比，年轻农民工的就业主要还是集中在劳动强度大、时间长的一线工作岗位。然而，很大一部分新生代农民工就职的非正规用人单位为减少负担成本，都不太愿意为员工缴纳保险，因而往往不向其主动提出参保事宜。并且，现行社会保险异地接续困难致使新生代流动人口自身参保的积极性不高。

（5）社会公平与社会信任对新生代农民工身心健康的影响十分突出。在既定制度下，新生代农民工对社会公平、社会信任等方面呈现愤恨不满、焦躁疑虑等复杂而多样化的心态。然而，新生代农民工要想健康融入城市，必须依赖政府均等化的公共服务，但当前，新生代农民工来自政府或社会的实际支持还相当薄弱，这令他们缺乏某种安全感，生活和工作中的种种压力无法有效地宣泄，极易产生不公平感和不信任感。例如，农民工主要活动区域的公共基础设施明显不足，这不利于丰富新生代农民工的体育和精神文化生活，极大地限制了其享受和参与城市生活的程度与比例。

（四）建议

利用 2010 年全国综合社会调查的相关抽样数据，本节对新生代农民工、城镇居民、农村从未外出务工人员、农村外出务工返乡人员以及老一代农民工等不同流动特征群体的健康状况进行比较，并着重探讨了由家人/亲属、朋友/同事/邻居、专业人员、政府/社会这四个从个人逐级外推、由点及面的层次所组成的"支持圈层系统"对新生代农民工身心健康的影响机制。研究得出：新生代农民工群体有着自身更加鲜明、更加值得关注和令人担忧的健康脆弱性；与家人/亲属对新生代农民工身心健康的作用程度相比，朋友/同事/邻居在情感宣泄上的重要性较大，但在经济支持上的影响没那么显著；专业人员的情感支持、社会保障、社会公平与社会信任等制度性支持是制约新生代农民工健康水平的关键因素。基于此，从构建新生代农民工健康调适和促进的社会支持系统方面，提出以下三条应对措施。

1. 加强对新生代农民工的深层次专业救助服务

现实生活中,由于新生代农民工缺乏对相关非政府组织的认识以及各种障碍因素的存在,致使绝大部分新生代农民工仍滞留在这些组织的大门之外,不利于其获得专业人员的正式支持。因而,各级工会及相关非政府组织应该加大在新生代农民工群体中的宣传和覆盖力度,给予他们真正有效的实际帮助和能力建设。比如为刚刚来到新地方的青年农民工提供适应服务,为他们制定有关当地风俗、地理、政策的"青年农民工手册",在火车站、汽车站等青年农民工方便取阅的场所派发,或者通过专家讲课、咨询、拓展训练、一对一辅导等形式,把健康服务送进城中村等新生代农民工聚居地;同时,引导成立流动人口的维权组织,培养维权意识的同时,协调解决流动人员进城务工中的合法身心权益问题,并及时对遭遇失业、失恋、罹患恶疾等突然危机的青年农民工提供临时救助。

2. 强制推行新生代农民工的医疗和工伤保险,完善社保转移等手续

为避免发生因病返贫、因病致贫现象,政府强制推行新生代农民工的医疗保险特别是大病医保的必要性毋庸置疑。并且,面对不断增长的新生代农民工职业病群体,还应强制推行工伤保险,监督用人单位承担事故的补偿职责,为新生代农民工足额缴纳保险费。另外,针对新生代农民工就业的高流动性,国家应该尽快完善新生代农民工参保、缴费、转移、接续等手续。一是研制以参保者个人身份证号码为准的终身保险账号和社会保险关系信息库,实现全国范围内信息的互联互换。二是办理通用型的社会保险一卡通,当新生代农民工就业岗位发生变动时,无须经历退保再参保等烦琐手续,只需携带此卡即可办理相关的转移事宜。三是设立个人服务管理中心,简化参保程序,改进服务方式,使新生代农民工能够更加便捷地办理各类社保手续。

3. 为外来务工青年正名,并大力扶持免费文体设施的建设

积极正面的良好形象是新生代农民工与外界进行良性互动的重要条件,学术界、政府、媒体等社会的主流声音,均应为外来务工青年正名,让社会各界都对其健康风险和需求给予足够的重视。另外,新生代农民工参与体育活动的场所主要是在公园、街道、广场等一些不收费的活动场所。所以,政府部门应通过多种渠道筹集资金,增加对免费文体活动设施的经费投入，努力为新生代农民工体育和文化参与的经常化、生活化提供便利条件。如利用体育彩票公益金在新生代农民工聚居社区和用工密集单位建设临时或简易的体育场地设备；加强图书馆、文化馆、影剧院等群众性文化设施建设，让流动图书馆、流动电影院真正走进新生代农民工中间；等等。总之，只有消除壁垒，为新生代农民工合理的社会需求提供实现条件，才能从根本上改善其身心健康状况。

二、新生代女农民工的社会资本存量和健康

我国医疗保障和健康公平建设面临的一个重大挑战是新生代农民工的健康问题。当前，我国新生代农民工群体的规模逐渐扩大，但过渡性群体的身份使其健康状况具有明显的脆弱性。其中，由于社会性别定位等因素，身心状况更具特殊性的女性新生代农民工的健康形势更趋严峻。所以，充分关注新生代女性农民工这一庞大弱势群体的健康状况，对于提升全社会的健康公平、建设性别和谐社会有着极其关键的现实价值。

利用2013年全国综合社会调查数据，本节将探讨社会资本的三种形式（信任、规范和网络）对于新生代女农民工的身心健康所产生的影响。接下来将在梳理相关文献的基础上构建与健康相关的社会资本模型，接着通过逻辑斯蒂回归，分析社会资本诸变量对研究对象身心健康的制约作用，检验和修正社会资本视阈下新生代女农民工的健康影响模型，为促进中国新生代女农民工的健康并制定相关的卫生政策和社会干预措施提供有效的理论依据。

（一）研究背景

近年来，社会环境与个体健康的关系受到诸多学者的关注，其中社会资本对个人健康的影响更是关注的焦点之一。20世纪90年代以来，社会资本概念被广泛运用于个体健康研究范畴，许多中外学者都致力于探讨社会资本与健康之间的关联。

在国外，总的来讲，众多研究都表明社会资本对健康具有积极作用。有学者通过在芬兰的一个双语区的调查数据表明，芬兰语社区比瑞士语社区拥有更少的社会资本，同时也具有更低的健康水平，因为在这个双语地区中，芬兰语社区的居民多为外迁人口。对一群中年夫妇的研究发现，信任、互惠、参与和人们的心理健康有正向的相关关系。利用来自澳大利亚的研究，有研究者对社会资本与个人精神健康的关系进行了研究，结果显示，具有较高社会资本水平的个体出现精神疾病的风险相对较小。还有人分析了个人层次的社会资本，发现安全感、信任感和社会互惠水平对被访者的健康问题有积极的作用。

在以伦理本位、关系取向为特性的中国社会中，社会资本理论更加契合和适用，因而也具有更为重要的理论和实践价值。然而，目前在国内，有关社会资本视角下的人口健康研究仍处于起步阶段，部分成果主要集中于定性的理论研究上。真正直接涉及健康与社会资本关系的定量研究文献为数不多。特别是人口学视野中关于社会资本与新生代农民工健康之间的定量应用研究，还相对鲜见。

因此，研究对社会资本进行操作化测量，分别探讨认知性社会资本与结构性社会资本两种层次的社会资本对个体健康的交互作用。另外，社会资本对个体健康的回报在不同性别群体间是否存在差异，这是一个以往被忽略的问题。现有的文献成果一般认为等量的社会资本对所有人群都能产生相同的回报。然而，在现实社会中，由于性别、族群和社会经济地位等因素的差别，相同的社会资本也可能对不同人群的健康产生不一样的影响。基于此，对特定群体的社会资本及健康的研究显得十分必要。其中，低社会经济地位群体的女性流动人口的健康情况又是该领域最值得关注的核心之一。为此，本节借鉴国内外相关研究，以城市中处于较低社会经济地位的新生代女农民工作为分析对象，深入探究社会资本对新生代女性农民工健康的影响机制，为改善其健康状况提供新的理论依据。

（二）数据与指标

本节的数据来源于2013年全国综合社会调查。该调查是中国人民大学主持的一个综合性的全国大型调研项目。除了北京、上海、广州、天津、深圳这 5 大城市，还调查了中国的另外 100 个县/区，全国一共抽取 480 个村/居委会，每个村/居委会抽取 25 家，每家随机访问 1 人，总有效样本量为 11438 个。其中，在北京、上海、广州、天津、深圳这 5 个地方，共调查 80 个居委会；每个居委会抽取 25 个家庭；每个家庭，随机对 1 人进行访问。而在每个抽中的县/区中，随机调查 4 个村/居委会；每个村/居委会抽取 25 个家庭；每个家庭，也随机对 1 人进行访问。抽样方法上，首先，使用人口统计资料抽取初级县/区抽样单元与二级村/居委会抽样单元；其次，利用地图法抽取村/居委会中的家庭；最后，采用 KISH 表实地抽取家庭中的个人。

本节选取 1980 年及以后出生的目前是农业户口，但从事非农工作的女性作为目标人群，经过数据清理后，最终有效个案数为 588 个。

1. 健康的测量

本节的因变量是受访者的健康，取自问卷中的问题：在过去的 4 周中，由于健康问题影响到您的工作或日常活动的频繁程度？答案分别为："总是""经常""有时""很少""从不"。

2. 社会资本的测量

主要预测变量分为认知社会资本和结构社会资本两大类（见图 6-3）。

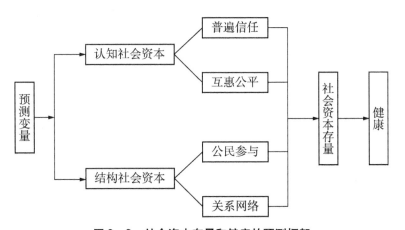

图 6-3　社会资本存量和健康的预测框架

普遍信任是由受访者回答："总的来说，你同不同意在这个社会上，绝大多数人都是可以信任的？"答案分为"非常不同意""比较不同意""说不上同意不同意""比较同意"以及"非常同意"五种，从前到后各赋值为1~5。

测量互惠公平用的是问卷中这样一个问题："总的来说，您认为当今的社会公不公平？"选择的项目包含"完全不公平""比较不公平""说不上公平但也不能说不公平""比较公平""完全公平"五种。

公民参与由政治参与和社团参与两个变量构成。首先，在问卷中询问受访者的基层选举参与情况。"在上一次村委会/居委会选举中是否参与投票？"回答分为"是""否"和"没有投票资格"三种。其次，通过对问卷中如下问题获得社团参与指标："请问您是不是工会会员？"回答分为"是""以前是，现在不是"以及"从来都不是"三种。

关系网络是通过受访者与亲友的接触和联系密切程度来测量的。问题的答案包括"非常不密切""不密切""一般""密切"和"非常密切"。

3. 控制变量

控制变量为个体人口学背景的一些基本指标。年龄和年总收入为定距变量。受教育程度（小学及以下=1，中学=2，大学及以上=3）为定序变量。政治面貌（党员=1，非党员=0）和婚姻状况（未婚=1，其他=0）等都是虚拟变量。

为防止共线性问题，在统计分析前，已检测了各个自变量间的相关关系，测量表明各相关系数都在可接受范围内。

（三）回归分析

本节的因变量是定序变量，在平行线检验不显著的前提下，采用逻辑斯蒂回归进行分析。

为更加全面地分析社会资本对新生代女性农民工身心健康的影响，本节在对各个主要变量进行测量后，根据研究策略，分别以新生代男女农民工的身心健康为因变量，以普遍信任、互惠公平、公民参与、关系网络为主要预测变量，同时加入年龄、受教育程度、政治面貌、婚姻状况和年总收入等作为控制变量，建立多元逻辑斯蒂回归模型（如表6-2所示）。

表6-2 新生代农民工的健康状况的逻辑斯蒂回归

主要变量	男性			女性		
	b 回归系数	Exp（b）标准误	Sig.显著性水平	b 回归系数	Exp（b）标准误	Sig.显著性水平
控制变量：						
年龄	0.135	0.102	0.003	-0.169	-0.123	0.009
教育程度（小学及以下=1）	0.268	0.197	0.000	0.285	0.202	0.000
政治面貌（党员=1）	0.096	0.027	0.101	0.061	0.003	0.132
婚姻状况（未婚=1）	-0.134	-0.085	0.056	-0.132	-0.084	0.014
年总收入	0.371	0.264	0.000	0.353	0.218	0.000
预测变量：						
普遍信任	0.242	0.106	0.003	0.331	0.285	0.000
互惠公平	0.009	0.004	0.121	0.233	0.191	0.005
政治参与	0.213	0.188	0.004	0.397	0.308	0.000
社团参与	0.227	0.196	0.007	0.306	0.214	0.000
关系网络	0.241	0.205	0.008	0.345	0.299	0.000
Constant	3.243			2.876		
N	665			588		
Log likelihood	-68.389			-120.521		
Pseudo R^2	0.201			0.330		

在所建立的逻辑斯蒂回归模型中，有如下研究发现。

（1）普遍信任对新生代女农民工健康的影响更加积极。表6-2显示，普遍信任可以显著提升男女两类研究对象的健康。普遍信任对于两性受访者的健康水平的影响均具有统计显著性，这说明受访者对社会上绝大多数人的信任程度越强，其健康水平也越高，这个结果与以往的经验研究结果一致。但其中，在女性模型中，若普遍信任得分增加1个单位，被访女农民工健康的可能性就增加33.1%；但在第二组的男性模型中，如果新生代男农民工的普遍信任得分增加1个单位，其身心健康的可能性仅增加24.2%。可见，普遍信任对女性新生代农民工的健康具有更大的制约作用。

（2）互惠公平能够更为显著地增强新生代女性农民工的健康。回归模型表明，认知社会资本里的互惠公平变量和新生代女农民工的健康存在强关系，互惠公平指标的得分越高，新生代女性农民工就越健康，出现身心不适的概率就越低。互惠公平对新生代女农民工的健康的影响是正向的，即女性受访者的主观公平感越强，身心健康水平越高。但互惠公平仅对新生代女农民工健康的影响具有显著的统计性，对男性健康则不存在显著作用。产生这个现象的可能原因是女性农民工所受到的生存压力和社会歧视较多。

（3）政治参与和社团参与对女农民工的身心健康具有更重要的促进作用。关于民主参与和健康的关系，诸多研究证明，较多的社会参与对健康有正面影响，表6-2的实证结果也证实了社会参与程度高的农民工更健康，民主参与对农民工健康具有积极作用。同时，研究估计结果显示，首先，较高程度的政治参与更能够增进新生代女农民工的身心健康。其次，社团参与对健康也有更为显著的正影响。即政治参与和社团参与对女性身心健康的回归系数都显著为正，而且社会参与类社会资本对女性农民工健康的影响均较大。可见，经常参加基层民主选举和工会等活动对新生代女农民工的健康有更为重大的意义。

（4）关系网络对男农民工健康状况的影响程度亚于女农民工。在控制其他变量的情况下，比较关系网络对新生代男女农民工健康的标准回归系数，不难发现，关系网络对新生代女性农民工健康的标准回归系数较大，影响也较大。在传统观念的两性行为定位下，社会对两种性别的人有着不同的要求，认为男性应当去建立异质、广泛的社会网络关系，而女性则被鼓励培养内秀、文静、低调的个性，此类个性往往不利于社会关系纽带的构建。因此，妇女的社会支持网络表现出规模偏小、异质性较低、趋同性较高的特征。这些网络特征都表明了新生代女农民工从其社会支持网络中可获取的资源并不丰富。贫乏的社会支持网络资源也是其健康水平不高的主要因素之一。

新生代女农民工的健康问题与她们较低的社会资本存量有着密切关系。社会资本对个人健康有三种作用机制,主要表现在三个方面:首先,促进相关健康知识的传播,丰富人们对于健康的信息量,有利于引导人们形成较为健康的日常生活方式,控制偏离健康的举动;其次,社会资本可以增加人们参与社团活动的机会,使人们接触并融入社区,积极地释放个人内在的社会活动需求,从而提高居民的身体素质;最后,社会资本可以使个人得到心理上的情感支持,远离不合群、孤独等不良情绪的情感影响,提高满足感和自尊心,从而缓解心理压力。总之,更多的社会资本存量能够促进人力资本和物质资本等的高效整合,抵消生活困难和社会危险对个体健康的负面效应。然而,在城市化过程中,新生代女农民工原有的社会支持网被打破,原有的农村社区的社会关联降低,社会规范逐渐松散,即以传统家庭为中心的"强关系"网络资源的功能逐渐丧失。并且,由于多方面的局限性,新生代女农民工群体在陌生的城市可资依存的社会支持性资源仍极其有限,较之男农民工,其健康环境可谓更加严峻。

(四)社会资本的健康实现路径

利用我国综合社会调查数据,本节在控制了受访者的人口学等变量后,在性别比较中,探讨了社会资本视阈下新生代女农民工的身心健康。逻辑斯蒂回归的分析表明,普遍信任、互惠公平、政治和社团参与、关系网络是影响新生代女农民工健康的重要因素,对新生代女农民工的健康程度具有显著的预测作用,但此影响存在性别的显著性差异,其对女性健康的影响水平显著高于男性。

所以,有必要从社会资本角度出发有针对性地做好以下工作,从而提高新生代女农民工的健康水平。

1. 政府责任应强势回归健康领域,促进和实现健康资本的性别均衡性

研究发现,公平互惠感能够增进新生代女性农民工的健康水平。相比较而言,新生代农民工比老一代农民工对公平有着更高的诉求。市场体制下,政府责任应回归性别健康领域。政府在卫生领域的责任重点涵盖筹资分配、制度规划和监管责任。政府的筹资分配包括资金筹集与投入分配,是健康公平的前提保障；制度规划责任是实现健康公平的机制保障，要求政府为社区医疗建设以及社会资本进入卫生领域制定合理的政策；监督管理责任则是健康公平实现的后续保障。促进和实现健康的性别公平，并非要实现社会个体或群体之间健康状况的完全平等，而关键在于通过政府的责任和对社会公平正义的干预，以及社会的努力，从根本上改变中国城乡、社会性别二元结构，改善不同性别的收入分配关系，并在此基础上，实现包括教育、医疗卫生，以及就业和养老等在内的社会经济关系的性别公平。

2. 创设更有效的网络政治参与渠道和机制，增进制度信任和普遍信任

当前，由于受多种因素的制约，新生代乡—城流动女性面临政治参与边缘化的尴尬境遇。新修订的选举法暂时搁置了农民工的异地参选问题，而现实是法定的回乡参选也未得到有效实践，这就造成乡城流动人口政治参与的悬置，无序的、非制度化的政治参与是新生代女农民工利益诉求的主要渠道。一方面，政府应该加快政治体制改革的步伐，提高工会组织的能力和参与度，并让新生代女农民工有更多的政治参与途径。如创设网络政治参与的渠道，提升新时期流动女农民工直接行使政治监督职能的兴趣和能力，弥补流动妇女因迁移而不能参与户口所在地政治和社团活动的缺陷。另一方面，由血缘关系所产生的特殊信任在某种程度上是与现代社会的发展和民主相冲突的。因此，要努力发展以规则和契约为基础的制度信任与普遍信任，以建立和健全法律法规为主要途径，拓宽新一代流动女工的信任范围，从而提升她们的健康水平。

3. 挖掘现有社区民间组织的潜在资源，建立健康资本的良性循环和增值模式

新生代女农民工可以通过城市社区这一组织化的载体，发现并利用一些有利于健康管理的社会组织。但目前，虽然部分社区卫生服务中心拥有良好的硬件环境，其健康管理的指导大纲也初现雏形，但实际功能却大多没有发挥出来。在社区场域内促进新生代女农民工的社会认同，主要的技巧是建立起更具有包容性的各类非亲缘的社会关系网络，并善于吸引新生代女农民工参与相关活动。面对流动妇女日益增长的健康需求，应积极挖掘社区现有的潜在资源，创造社会资本的循环模式。在这个模式中，社会

组织通过提供大量广泛的健康公益服务，进而扩大组织本身在社会中的正面影响，为自身的组织发展增加新的社会资本追随者和支持者，加深公众对健康事务的参与；同时，也解决了许多个人无力应对的健康困难。如此循环往复，有利于增加新生代女性农民工的健康资本存量。

三、提高残疾女性生育健康水平的路径选择

生育健康作为公共卫生的具体领域之一，是人类生存与发展的基础，是评价一个国家经济发展与社会进步的重要标志。随着经济社会的不断发展，残疾女性的生育健康日益受到国际社会的重视。残疾女性的生育健康是国际社会公认的最基本的人权，也是公共健康领域关注的焦点问题。

残疾女性由于自身部分生理功能缺失，入学、就业、经济收入等均受到一定程度的影响，加之社会的歧视偏见与制度漏洞，以及由于生理缺陷引起的特殊的心理状况，使其生育健康自我保健意识、知识、行为及能力均较差。然而目前，我国关于残疾女性人口生育健康知识、信念、态度、行为现状、卫生服务利用的研究很少，残疾女性群体的生育健康服务仍然处于相对边缘化的状态。因此，残疾女性作为妇女人群中的弱势群体，其生育健康更需要重点关注。

残疾人是指在精神、生理、人体结构上，某组织、功能丧失或障碍，全部或部分丧失从事某种活动能力的人，涵盖损伤、活动受限和参与局限在内的概念；按不同残疾类别可分为视力残疾、听力残疾、言语残疾、肢体残疾、智力残疾、精神残疾和多重残疾；各类残疾按残疾程度分为四级，分别为一级残疾（极重度）、二级残疾（重度）、三级残疾（中度）和四级残疾（轻度）。在2006年年底，联合国通过了《残疾人权利公约》，以"促进、保护和确保所有残疾人充分和平等地享有一切人权和基本自由，并促进对残疾人固有尊严的尊重"为宗旨，将残疾人群获得生育健康的权利提高到了显著的位置。然而，我国对当前残疾人群生育健康的研究明显不足，尤其是女性残疾人群的生育健康。这与近年来残疾人社会保障政策领域如火如荼的研究现状形成了鲜明的对比。

（一）生育健康的国际国内实践

1. 生育健康的国际发展形势

人类对生育健康问题的认识并非只是 20 世纪以来的事情，生育健康作为一个研究领域，有一个较长的形成过程，是生产力发展与女权运动兴起共同作用的产物。19 世纪初期，西方国家的某些女性组织就提出通过实施生育控制和避孕来提高女性生育健康的倡议，以使妇女有更多的精力来承担社会角色。受 19 世纪初的妇女运动和健康运动的启蒙，引导出了生育控制的需求和争取生殖权力方面的运动。随着 20 世纪 50 年代末许多发展中国家对人口快速增长的关注，进而在 60 年代相继推行计划生育，人类生育及其健康问题开始受到广泛关注。到 20 世纪中后期，西方女权运动再度兴起，一些非政府女性组织开始将生育调节和为妇女提供优质生育服务作为提高妇女地位、维护妇女权益的重要方面，呼吁在全世界关注妇女生育健康。

20 世纪 60 年代，世界卫生组织强调人口问题需要从经济、社会、文化、心理和健康等各个角度综合考虑，并开始将人类生育的研究包括在它的研究和项目活动中。对人类生育的关注与研究从简单地注重一系列安全、有效、可接受的生育调节方法到各种避孕方法的特点、副作用，以及对不育和引起不育的主要原因的性传播性疾病等问题的研究，将生育与健康领域的诸多方面联系在了一起。80 年代末 90 年代初，国际社会纷纷提出了生育健康的观点。在国际组织中，生育健康的概念最早是由世界卫生组织人类生育研究发展培训项目组主任巴赛拉多（Barzelatto）于 1988 年提出，他强调了生育、健康与发展的密切关系，第七届世界人类生育会议商议生育健康应该包含以下三个方面的内容：①人们有能力调节她们的生育；②夫妇有和谐、安全的性生活；③妇女能够安全妊娠并顺利分娩；第四，妊娠后母婴健康。

1994 年，世界卫生组织为生育健康下了正式的定义，突出了生育权利应作为生育健康的核心。同年，开罗联合国人口与发展大会（ICPD）对世界卫生组织生育健康的定义进行了必要的修改，并正式将生育健康概念写入《人口与发展行动纲领》。行动纲领对生育健康做了比较完整、详细的定义,并明确了生育健康不仅仅是没有疾病或不适,而是指在人类生命的各个阶段,生殖系统、生殖功能和生殖过程中生理、心理和社会适应的完好状态。埃及开罗国际人口与发展会议对生育健康的正式定义,得到了国际组织和社会的普遍接受和认同,各国政府对此反应强烈,绝大多数国家对执行开罗联合国人口与发展大会行动纲领做了承诺,中国政府也积极向国际社会做出了承诺。自开罗联合国人口与发展大会后,各国的人口方案都向以生育健康为中心做了不同程度、不同方面、不同步骤的调整。之后,生育健康越来越受到全球各地政府和社会的关注。

1995年,世界妇女大会提出的北京行动纲领吸收和肯定了开罗行动纲领对生育健康的界定和要求,把妇女生育健康作为12个战略目标中的第三个目标,指出男女均有权获知并能实际获取他们所选定的安全、有效、负担得起和可接受的生育方法,以及他们所选定的、不违反法律的调节生育率方法,有权获得适当的保健服务,使妇女能够安全地怀孕和生育,向夫妇提供生育健康婴儿的最佳机会。北京行动纲领还在这一基础上规定了5项具体目标,增强妇女在整个生命周期内获得恰当的、担负得起的优质的保健、信息和有关服务的能力;加强促进妇女健康的预防性方案;采取性别敏感的主动行动,解决性传播疾病、艾滋病及性健康和生育健康问题;促进关于妇女健康问题的研究并分发有关资料;增加资源、促进妇女健康和监测其后续行动。

1999年,联合国妇女地位委员会第43届会议对生育健康概念提出新的挑战。该会对妇女与保健的战略目标进行了审议并发展了妇女与保健的议题,在以下八个方面达成一致性行动建议草案:①在男女平等的基础上,妇女在整个生命周期内普遍获得优质的、广泛的、可支付的保健、服务和信息;②增进性和生育健康;③艾滋病及性传播疾病和其他传染病的预防和治疗;④精神健康和控制滥用药物,在健康服务和咨询中的性别敏感和年龄敏感;⑤职业和环境健康;⑥政策发展、研究、培训和评估;⑦健康部门的改革和发展;⑧国际合作。这次行动建议草案同1995年世界妇女大会行动纲领相比具有如下特点:①强调影响妇女健康的社会因素,主张对健康情况进行社会性别分析,认为造成妇女不良健康状况和在保健中所处的不利地位的原因是不平等的社会关系，而不仅仅是生物学的后果。②综合分析传统性别观念对男女健康的不同影响，强调男性在促进妇女保健中的作用。认为传统的社会性别关系对男性的身心健康同样产生不利的影响，但问题的关键在于，社会性别的不平等妨碍男子理解他们对暴力所致的健康危害所承担的责任。因此，提高男性的认识、增强他们的责任感，在改善妇女保健中至关重要。③强调冲破以性及生育健康为中心的妇女保健格局，扩大妇女保健的范围。例如，强调把精神健康、环境健康、老年妇女健康等纳入基本保健服务。冲破这一妇女保健格局的意义在于：它充分注意到妇女在社会生活中所扮演的多种角色而不仅仅是生育角色，提出了对传统社会性别结构和性别角色具有挑战性的战略方案。

此后近20年，世界卫生组织、联合国等诸多机构对开罗联合国人口与发展大会行动纲领等后续活动进行了跟踪、评估和修订，试图确定现阶段在生育健康领域中应优先考虑哪些方面的内容等，中心点是期待各国把关于生育健康的高谈阔论变为真正让人们在其生命周期中受益的生育健康的行动。

2. 中国的生育健康行动

生育健康问题是由来已久的和永恒的，而中国对一些生育健康问题的关注、认识与实践也早已开始，但一直没有突破传统的生物医学模式，生育健康促进也局限于卫生保健部门。自中华人民共和国成立后，党和政府就将男女平等正式写进国家宪法，并强调维护和保障妇女的一切合法权益，包括健康权利。生育健康作为女性健康的重要组成部分，也随妇女社会地位的提高受到了前所未有的重视和保护。自中国政府对1994年开罗联合国人口与发展大会的行动纲领做出承诺后，我国学术界和实际部门对生育健康问题进行了广泛的讨论与研究，中国大部分的人口和生育机构都积极地开展了有关生育健康的研究和实践。经过半个多世纪的不懈努力，我国女性整体的生殖保健水平得到了空前促进和提高。

在国际机构的资助下，中国生育健康的研究从医学领域扩展到社会科学领域，出现了跨学科、多学科的趋势。生育健康的概念为决策者、实际工作和研究部门，既带来了机遇也提出了挑战。具体有以下三个方面：①母亲安全、儿童优先是世界卫生组织提出的倡议，中国各级卫生网络加大工作力度，在妇幼保健方面做出了突出的贡献，孕产妇死亡率下降，围产保健和母乳喂养得到推广，儿童死亡率也有所下降。②生育调节的技术质量提高，并广泛地开展了优质服务。同时，中国的生育健康技术引进方案已开始与国际接轨，并努力在中国创出适合中国国情的方案和战略。为育龄人群提供安全、有效的避孕节育技术和方法，同时为育龄夫妇提供不孕不育咨询和不孕辅助生殖治疗，满足有需要的人们的生育要求。对生殖道感染、性传播性疾病、艾滋病的综合防治研究越来越深入广泛。对这类问题的研究和对策实施，打破了生物医学的模式，从而形成了多学科的社会医学模式研究。对高发病区和易感人群中的研究更具有特色，并得到政府有关部门的支持。③有关生育健康与性权力方面的研究与妇女研究紧密结合。关注女性青春期发育、非意愿妊娠、未婚人工流产和单亲妈妈等突出社会问题，并通过宣传教育和相关技术，为女性提供针对性的生育健康服务。男性与女性一起参与，是国际社会公认的促进生育健康、维护生殖权利的一项重要发展战略，倡导男性与女性一起共同承担和维护生育健康的重任。基于国际社会对于生育健康的终期目标，我国卫生健康部门也提出了生育健康服务的分期目标，即"2000年享有初级的生殖保健服务，2010年享有基本的生殖保健服务，2021年普遍享受优质的生殖保健服务"。

（二）生育健康的概念和内涵

生育健康（reproductive health），在国内也被翻译成生殖健康，是一个比传统的生育及妇幼保健内涵更为丰富、深刻、涉及面相当广泛的概念。生育健康是在人口、生育、公共卫生甚至社会学领域出现的一个热点论题，这个概念的提出是在19世纪80年代，近年得到不断深化与完善。目前所衍用的生育健康的概念是1994年联合国人口与发展大会修订并采用的，生育健康是指："人类生殖系统及其功能和运作所涉及的一切事宜的有关身体、精神及社会适应性等方面的完好状态，而不仅仅指这些方面无病和没有虚弱；人们应能享有满意而安全的性生活，应能生育，而且享有决定是否生育、何时生育及生育多少的自由；男性和女性应享有获得有关信息的权利,并有权选择调节生育的方法且实际获得安全、有效、便宜及可接受的调节生育的方式,并享有安全妊娠及分娩的保健服务。"生育健康概念的出现,标志着人们对人口与发展的认识已达到了一个新的高度。

根据生育健康的定义,生育健康应该包括以下五个方面的主要内容:①满意、安全的性生活;②夫妇生殖系统、生殖功能和生殖过程的完好状态;③夫妇有权知道和获得有效、安全、经济以及不违反法律的生育控制方式;④夫妇具有生育能力,并能自主决定是否生育、生育的时间和数目;⑤夫妇有权获得生殖保健服务,以安全度过妊娠期和分娩期,并生育健康的婴儿。

生育健康的服务宗旨是:预防和解决生育健康相关的问题,提供能够促进人群生育健康的安全、有效、实用的各种信息、技术和社会服务,以满足人类的生育健康需求。

生育健康的服务范围包括一系列范围广泛的预防性及治疗性服务,而不仅仅是与生殖和性传播疾病有关的咨询和保健,超出了传统的狭义的卫生服务范畴。从生育健康的定义和主要内容出发,生育健康的服务范围包括:①提供与生育健康有关的信息咨询和教育服务;②提供性传播疾病、艾滋病及其他生殖系统疾病的诊断和治疗服务;③提供安全、有效和实用的生育方法和措施;④提供围产期保健的教育和服务,提供不孕不育症的咨询、诊断和治疗。

生育健康的概念具有内涵丰富、涉及面广的特点。分析生育健康的概念,不难发现,生育健康所关注的问题不只限于生殖系统及其功能和过程本身,还进一步深入关注一切事宜上的健康状况,而且这里的健康也不是单一地指身体方面没病或不适,而是同时要求身体、精神和社会三方面的完好状态。由此可见,生育健康已不再是一个狭义的生物医学概念,而是一个蕴意更为深广的社会医学概念。这种内涵的丰富性,使生育健康涉及的领域也十分广泛,它包括生育调控、妇女权益、母婴保健、性健康等多方面。与此同时,生育健康的服务对象与内容也远远超出了现行的生育和妇幼保健,它不仅针对育龄妇女,同时也关注全体妇女及男子并开展服务,而且服务内容不仅仅是一般的避孕节育、孕产保健,同时包括不孕症诊治、提供充分的避孕知识、性健康与性病防治、社区生育文化的改善,以及对人权，尤其是对妇女权益的尊重等多项内容。妇女生育健康是一个含义深刻、涉及面很广的概念，但在实践上其目的是：保证妇女在各个生理时期的健康、安全、幸福；保证儿童的生存及健康成长；妇女在性生活、生育方面既与男子平等，有自主权，又对社会负有责任与义务。另外，正由于生育健康所具有的这种内涵丰富、涉及面广的特点，使得对生育健康的关注与研讨也具有多学科与跨学科的性质，即生育健康并非只是健康专家的独有领地，而是为人口学家、社会学家、人类学家、流行病专家、医学及公共卫生专家、伦理学家、律师及政客们所共同关注。

（三）残疾女性生育健康的现状

实地研究显示，我国残疾女性在生育健康等各方面都遇到不同程度的挑战，残疾女性人口生育健康的总体形势依然不容乐观，主要存在着以下问题。

1. 生殖道感染率高

调研表明，育龄残疾女性的生殖道感染率较高，其生育健康处于高危和边缘化的状态。一般而言，残疾女性由于活动较少，机体的新陈代谢减慢，体质相对较差，出现自然流产、死胎死产、新生儿死亡、子女先天畸形等生育健康风险显著高于其他妇女。生殖道感染是由原本正常存在于生殖道的微生物，或者经性接触等途径由外界进入生殖道的微生物引起的一组感染性疾病，传播途径主要是性接触。残疾女性发生不安全的性行为的风险也更高，特别是被迫性行为，即残疾人被性侵犯的危险比普通人更高。除了性传播疾病，不安全的性行为还可能引起非意愿妊娠，残疾女性的社会经济地位相对较低，再加上因为自身残疾对胎儿的不良影响，大多数非意愿妊娠以人工流产为结局。此外，调研发现，大多数残疾女性个体的自我清洁能力较差，有不良的卫生习惯。例如，月经期前后没有注意保持好外阴的清洁，一般常见的有经血凝结成痂；没有专门的清洗用具，洗脚与洗外阴共用一个盆或与别人共用；内裤没有及时更换、清洗，内裤与袜子等重污衣物一起混洗；洗完内裤之后阴干；穿着化纤紧身内裤；身体稍有不适，就乱用抗生素，导致阴道菌群紊乱等。事实上，女性的外生殖道前面为尿道、后面为肛门，较易遭到感染，因此，清洁外阴和便后擦拭方式都较为重要。此外，性行为过程中的个人卫生习惯以及未采取相关避孕措施也是可能导致生殖系统感染的隐患。

2. 生育健康意识自卑、消极、盲目

一是自卑性。许多妇女得了疾病尤其是妇科疾病之后，害怕丈夫知道、害怕邻里知道，从而损害了自己在家庭中的地位和在周围亲友中的形象。二是消极性。当不健康已成为事实时，认为是命该如此，认为生为女人有妇科病是正常现象，甚至认为妇女身体柔弱是正常的。三是盲目性。被冠以母爱承担者的许多妇女对生殖道感染疾病不重视，自我保健意识淡漠。她们可以听从大夫的劝告倾其所有给孩子买营养品，但绝不会花点钱去改变自己每月必须使用的卫生用品；她们可以在条件允许的情况下，坐月子时吃超量的营养品，但绝不会去买一本卫生健康方面的科普读物来提高自我保健意识；她们可以在农村的红白喜事中慷慨解囊，但绝不会主动地去做一次妇科健康检查。就心理上而言，残疾女性中普遍存在高焦虑倾向。焦虑是指个体由于预期不能达到目标，致使其自尊心、自信心受挫，或者失败感、内疚感增加而形成的紧张不安、带有恐惧感的情绪状态。由于生殖系统和身体构造的不同，女性一生要经历很多人生变化：月经、怀孕、分娩、更年期时卵巢和雌激素的变化等。所以，即便是没有外在压力，女性体内激素的变化也会导致不良情绪的发生，而一旦面临更多的压力，必定会引起身体内分泌与神经系统的失衡，长期承受这种失衡必然导致一系列健康问题。

3. 生育健康知识知晓率低

调研显示，育龄残疾女性的生育健康相关知识严重缺乏。绝大多数残疾妇女连一些简单的卫生常识都不具备，经期和性生活时不知道怎样注意卫生，对避孕方法、生殖系统感染途径等基本知识了解不全面或者存在许多错误甚至一无所知。性别、文化水平、地区、残疾类型、残疾程度等对残疾女性的生育健康知识掌握情况存在一定的影响。其中，生育健康知识的掌握与残疾女性的认知水平存在明显的关联，而对生育健康的认知能力又主要建立在残疾女性自身的受教育程度上，因此，残疾女性偏低的文化程度是制约该人群生育健康的一个十分重要的原因。另外，残疾女性受精力所限，获得生育健康相关知识和信息的能力也相对受限。由于残疾女性与外界沟通相对困难，获得信息的手段和方式受限，直接影响了她们对生育健康及妇科保健知识的获取。生育健康相关知识的缺乏不仅影响残疾育龄妇女的身心健康，严重者将导致生殖系统疾病的发生与流行，造成一定的社会影响。因此，对残疾育龄妇女进行生育健康知识的有效宣教，对避免意外妊娠，保障其身心健康具有重要意义。

4. 因症医疗率低

育龄残疾女性若出现妇科疾病症状，大多选择严重到一定程度再去医院咨询、治疗。首先，由于身体及心理上的障碍，残疾人往往出行不便，无法准确表达身体哪里不舒适，看病难、看病烦、误诊率高的状况长期未能解决，所以许多残疾女性患病后不愿去医院治疗，往往选择自行买药服用，常常由于药病不符，而致疾病加重或迁延不愈。其次，残疾女性家庭的经济状况普遍较差，经济支付能力有限。本节的分析对象一般来自经济条件较为困难的家庭，大部分的残疾女性处于下岗、无业或没有稳定收入的状况，她们靠家人的资助维持生活，由于没有可支配收入，经济拮据是制约其生育健康的重要因素之一。为减轻家人的经济负担，许多人患病后不治疗或治疗不充分，从而延误了治疗时间，使病情加重，增加或加重了并发症的发生。因此，许多本不应该形成严重后果的小病，如子宫脱垂、宫颈炎、阴道炎等疾病在消极忍耐中被拖成了危及健康甚至是生命的大病。

5. 生育健康教育与医疗服务的可及性较低

由于残疾女性的特殊性，她们在面临性与生育健康教育或服务时，需求往往难以得到满足，主要表现为难以接受到性教育或生育健康服务。研究结果显示，由于自身机体的不健全，部分残疾女性渴望获取更多自身的健康信息，对生育健康服务充满期待。新时期下，部分残疾女性对自身健康的关注日益增加，她们有着强烈的妇科保健需求，渴望了解有关法律政策、生育健康知识、生育健康管理和服务信息。她们希望通过生动的多媒体形式和印发简便的宣传品等方式，把有关知识和信息传递给她们，但分析表明，残疾女性生育健康权益的实现程度还远不尽如人意，生育健康教育与医疗服务的可及性很低，既包括医疗器具的获得等物质帮助，也包括咨询等软性帮助。医疗服务提供的地理和社会不平等性一直存在，因政策、资金或环境等因素，大部分残疾女性人群无法获得月经处理、避孕、流产、性健康管理、妊娠、分娩、育儿、辅助生殖和更年期保健的方法，以及针对女性的如乳腺和宫颈癌筛查等生育健康检查服务。另外，即便获得，她们也难以理解所接受到的性教育或生育健康服务，或者接受到的教育和服务难以解决她们所面临的性与生育健康问题。

概言之，残疾女性是社会的特殊群体，具有语言行动不便、生活保障低、就业率低等特点，同时又兼有经济状况较差、文化程度偏低、受科学的健康教育方式影响较小等特点，因此，导致她们当中大多数人没有更多的精力关注自身的健康，当出现生育健康问题时，容易采取忍耐、应付甚至忽略的消极态度，积极就医治疗的人相对较少，获取相关知识的能力和渠道较少，严重影响其生育健康水平或导致生殖系统疾病的发生与流行。然而，中国残疾女性的性与生育健康状况至今仍未得到根本性改观，面向这个人群的信息、教育及医疗保健服务亦明显滞后于这个人群的现实需求。这与国际社会普及生殖保健的愿景不符。

（四）残疾女性生育健康问题的影响因素

在总结前面研究现状结果的基础上，分析可能制约残疾女性生育健康的因素，影响残疾女性生育健康的各种因素归纳起来可以分为社会（包括文化）、家庭、个人三大类，各种变量与残疾女性生育健康状况之间存在相互作用，这些因素可能会对生育健康状况有直接影响，也可能起间接作用。除了性别、年龄、地域、受教育年限、婚姻状况、职业、经济状况、残疾类别、残疾程度、怀孕次数、生孩子总数、产前检查次数、避孕方法的知情选择、生育保健知识和意识、保健服务的使用等微中观变量与生育健康可能存在相关关系之外，有必要对构成整个影响框架的社会制度和文化因素加以分析，探讨其对于残疾女性生育健康的影响。社会制度和文化因素影响着各种微观中观因素，是残疾女性生育健康问题的症结所在，残疾人已然残疾，从社会角度找原因才可能有改善问题的出路。

1. 政府对残疾女性生育健康缺乏足够的重视和针对性的专项政策

尽管残疾女性有遭遇意外妊娠和罹患性传播疾病的极大风险,然而有关部门对于残疾人性与生育健康风险、脆弱性及其所面临挑战的复杂性和严峻性仍缺乏足够的了解、理解和重视。与如此大规模的残疾人数量相对的,是我国目前对残疾人事业帮助和扶持的力度有待进一步加强,特别是在性与生育健康方面,各级政府和相关部门应给予更多的关注与重视。虽然有关加强残疾人性与生育健康教育与服务的建议不断被提出,但全国和地方性的政策关注力度不够,有关信息、教育及服务供给的刚性政策和制度安排迄今仍然缺乏,残疾人不断增长的信息与服务需求仍在一定程度上被忽视甚至漠视了。在政策法规方面,当前全国各级政府出台的相关法律政策中涉及残疾人的内容,其重点在人权问题、残疾人基础医疗、残疾人基础特殊教育等方面,并未对残疾人生育健康进行政策上的规定和细化。尽管有关残疾女性健康与发展的相关规定散见于不同的政策法规之中,但缺乏就针对残疾女性的性与生育健康服务制定过专项政策或者做出过明确的承诺。仅有的关于生育健康服务方面的规定仍属适用于全体民众范畴的规定,并没有考虑到残疾人特殊生理原因造成的在生育健康方面的特殊需求,并给予相应的政策措施支持。

2. 已有干预项目的行动力弱,相关责任主体职权不清且缺乏部门间合作

一些驻华国际发展机构、中国政府及各种非政府组织在满足残疾女性人群对生育健康信息、教育和服务的需求上已做了一些探索性干预。然而迄今为止,少有大规模、覆盖广、影响力大的活动。残疾人不断增长的多样化需求同信息、教育和服务供给之间的断裂亦未得到有效弥合。更堪忧虑的是,许多问题有增无减,甚至还在不断恶化。各种类型的干预项目,不管是否带着国际理念,往往是非常规化、非制度化的。一些急功近利的干预活动只带来了表面或暂时的变化,难以持久下去。项目的覆盖范围也极为有限,而且项目活动主要还限于城市。再者,各个项目往往各自为战,有的雷声大雨点小,最终落得不了了之。资金和具体操作层面的障碍也常常使项目难以为继。同时,多数生育健康干预项目着眼于知识与态度的转变,但对行为改变的影响则不甚理想;项目也较少关注影响无数残疾女性的性侵害问题。概言之，迄今为止的各种干预虽有助于解决一时一地的问题，但对于提升全中国残疾女性生育健康的整体水平来说可谓杯水车薪。全球化时代的种种现实呼唤建立健全法制化和制度化的生育健康信息、教育和服务供给机制。然而，当下的社会现实却依旧令人沮丧。相关责任主体职权不清且缺乏部门间合作。从仅有的涉及残疾人生育健康问题的法规政策来看，所涉及的相关责任主体包括：卫健委、教育部、民政部、妇联、残联等。各个部门均有政策出台，但是残疾人生育健康问题具体应该由哪个部门负责，或者说各个部门间应如何分工合作，仍然没有明确规定。在职权不清的背景下，各责任主体之间的合作甚少，政府部门之间以及政府同民间组织的合作很有限，像其他领域的民间组织一样，致力于促进残疾女性生育健康的非政府组织，不仅数量少，而且在政策扶持、资金来源、市场挑战及自身能力等诸多方面深受限制。

3. 性话语受到束缚的社会文化氛围导致社会民众对残疾女性生育健康的认识程度不高

性话语匮乏的社会文化因素是生育健康工作发展滞后的重要原因。文化是社会构成的基本要素之一，也是人类社会特有的现象。从功能上来说，文化是社会调适系统中一个不可或缺的子系统。文化包括人类创造的一切物质文明和非物质文明，每个民族都有一套与其信仰系统相适应的、源远流长的文化。各民族文化与生育健康的关联是千丝万缕、无所不在的，它们是一道道无形的约束铭刻在人们的心底，口口相传，代代相承，对人们的生存方式和行为模式有着十分深刻的影响。在中国传统文化的影响下，有关性的话题以及与性相关的领域曾一度成为敏感地带，少有学者愿意涉足研究，与性相关的话题在公众场合是忌讳谈论的敏感地带。性文化作为一种亚文化，它受到性压抑这种社会主流文化的排挤和压迫，二者总是在冲突不断、纷争不减中共生。在这样一种性话语受到束缚的文化氛围下，传统的人口与生育工作重视了对人口数量的控制，然而在提高人口素质方面却存在着一些误区，重生殖而忽视了性健康，重优生优育而忽视了性保健和性心理。由性压抑而形成的社会文化背景也使得整个社会关于生育健康的教育严重匮乏，导致很多育龄群体对性与生殖健康也相应缺乏足够的重视以及必要的了解，对生育健康的认知程度非常低，很多人对生育健康方面的问题普遍缺乏正确理解和恰当解决的方式方法。生育健康方面有很多认识误区，残疾人没有性行为、残疾人不应该生儿育女、残疾人不需要生育健康服务等观念仍然根深蒂固，其中最主要的原因之一就是认为生育健康是妇女问题，甚至简单地把生育健康与妇女病等同起来，而推卸自己应承担的责任与义务。社会各界对残疾人性教育与生育健康服务重要性的认识水平较低，这在一定程度上也阻碍了残疾人性教育与生育健康服务的发展。

4. 医疗服务质量是残疾女性寻求医疗保健的重要阻碍

残疾女性虽然未被排除在主流医疗服务体系之外，但服务质量仍是该人群寻医问药的重要障碍。且不说社会上普遍紧张的医患关系和高昂的医疗费用，医护人员的态度，医疗等待时长，特别是缺乏隐私、保密及尊重等因素都会妨碍残疾人寻求医疗保健服务，使残疾女性对医疗机构望而却步。一线医护人员何尝没有意识到残疾人遭遇的各种性与生育健康危机，但由于他们所受的训练主要是针对健全人，难免对残疾女性的特殊需求缺乏敏感的同理心。医护工作者工作负担过重也使一些人心有余而力不足，服务过程中往往缺乏对隐私、保密、知情认可等权利的保障。尽管政策和法律条文强调为公民或育龄人群服务，但在实际执行过程中，作为公民或育龄人群的残疾女性，大多被排除在服务之外，对于多数生殖保健提供者而言，友好型服务依旧只是一个概念。医疗服务价格偏高也使得残疾女性人群对性与生育健康服务的可及性不高。医疗卫生机构具有为残疾人提供信息、咨询和医疗"三位一体"服务的比较优势。然而自改革开放以来，尽管医疗卫生机构提供生殖保健的能力大为提高，但在市场化的冲击下，重治疗而轻预防，特别是过度医疗化等市场失灵十分明显，至今仍未有实质性的改变。稍加留意便可发现，在医疗服务敞开竞争的情势下，按市场逻辑运作的各种妇科民营或私立医院，以盈利为目的遍撒各种诱人的广告，有的甚至在生育健康市场布下诸多商业化陷阱，这一切对女性造成的危害已开始日渐显现。同时，目前我国的医疗保障制度尚不健全，大部分贫困残疾女性未能有效纳入妇女病普查范围，许多残疾女性多年来从未接受过妇女病普查普治，这也是导致患病率较高的原因之一。

5. 宣传教育工作的可接受度和针对性不够，而且残疾人特殊教育鲜少涵盖生育健康内容

宣传教育工作在引导妇女形成正确生育健康意识方面的重要作用是不可低估的。从表面上来看，各部门轰轰烈烈的宣传工作并不少，但只要仔细调研就可发现，宣传教育工作的深度、广度都极为有限。一是经常性的宣传不够。只有在"三八"妇女节前后有一些以妇女为主的宣传和在世界卫生日有一些卫生及生育健康的专题宣传，实际上，许多有关生育健康方面的知识在农村仍以口授心传的最原始方式进行。二是表面工作多、实际工作少。用于宣传方面的经费并不少，但"彩旗飘扬、锣鼓喧天"过后，能真正启发、指导人们行动的很少。三是有针对性的宣传不够，易于为妇女接受的宣传方式少。宣传教育工作往往忽视不同年龄妇女生活背景、文化背景、经济背景、居住地域的差异，不分场合、不分地点、不分时间地宣传，其效果必然会大打折扣。四是媒体的宣传作用未得到合理发挥。当前媒体涉及残疾人生育健康的宣传，往往在于博取关注、影响社会大众的道德意识，报道内容多涉及残疾人性侵犯、性剥削等负面新闻，与残疾人生育健康的实际需求，提高社会认知度、改善现有环境等作用有所不符。五是当前残疾人特殊教育鲜少涵盖生育健康内容。由于我国残疾人特殊教育刚刚起步，侧重点主要放在特殊学校基本设施和器械的建设、师资培养等方面，针对残疾人的特殊教育，鲜少将生育健康相关内容纳入范畴，还存在与生育健康相关的特殊教育人才供需不平衡、特殊教育教材及辅助设备缺乏等严重问题，这直接导致了残疾人群对生育健康方面的认识度、保护意识大大降低。

6. 残疾女性生育健康的研究严重不足，致使相关措施未能对症下药

残疾女性面临着比普通人更加严峻的性与生育健康形势，而自身的残疾使得她们难以获得与普通女性平等的各种机会，缺乏自我保护能力，在面对性与生育健康问题时存在明显的脆弱性。然而当前在中国，残疾女性性与生育健康研究还存在明显的不足，有关残疾女性生育健康方面的文献屈指可数，专门研究寥寥无几，相关残疾人生育健康的基础文献和数据也没有相应积累，这与近年来残疾人社会保障政策领域如火如荼的研究现状形成了鲜明的对比。数据的匮乏既不利于对残疾人面临的性与生育健康风险和挑战做出准确判断，也无益于相关政策和项目的制定、实施及宣传倡导。由于基础数据和研究的缺乏，相关责任方对于残疾人到底需要什么样的环境、服务和帮助并不清楚，残疾人生育健康的特殊要求不明确，仅有的一些项目和活动并不能对症下药地使残疾人最急迫的问题得到帮助和解决。有关残疾人生育健康的基础文献和数据的缺失不仅反映了残疾人生育健康问题并未得到应有的关注，同时也阻碍着有关残疾人生育健康教育和服务等需求的进一步研究及针对性改进措施的提出。这不仅影响到残疾人群生育健康方面的政策制定和具体实施，也使得仅有政策的实施有时难免伤及残疾人的权益。

7. 社区卫生服务站点的作用尚待开发

社区卫生服务站点在西方国家已经成了为社区人口提供服务、咨询和治疗的主要场所，但当前我国的社区卫生服务站点作用大多仅集中在为社区普通民众提供基础医疗的阶段，鲜有涉及关于残疾人生育健康宣传、咨询和治疗的内容，而且可供选择利用的医疗设施少、水平有限。近几年，国家及各级政府十分重视医疗网络的建设，但由于贫困地区经济发展水平有限，网络密度及网点质量还不尽如人意。一般在乡政府驻地有一所卫生院，由于设备不全，技术人员缺乏，从业人员的业务水平不高，只能提供一般性的服务，有的甚至连妇科常规检查也实现不了。各地大都有私人办的医疗点，这些医疗点的执业人员很多没有受过正规的医疗教育或进修，而仅通过自学或祖传掌握一些中西医的基本技能，便开业行医，没有常规检查的仪器，只能治疗一般的内科疾病。而且，在中西部农村贫困地区，即便不乏生殖保健服务的供给，距离、交通等都有可能成为残疾人寻求医疗保健的阻碍因素。大部分居民点距乡卫生院都在5千米以上，利用频率受限，选择性的使用就无从谈起了。况且在乡下，行医者95%以上是男性，妇女们在别无选择而又羞于启齿的情况下往往放弃了治疗的机会。使用的能力是在不断的实践过程中提高的，基层医护人员长时间没有实践的机会，使用能力逐渐弱化乃至消失，实属必然。

（五）改善残疾女性生育健康状况的路径选择

生育健康问题是多因素共同作用的结果，为切实保障残疾女性生育健康权利，促进残疾女性生育健康的实现，残疾女性生育健康的促进策略也需要多因素协同发挥作用。结合当前我国残疾女性人口面临的生育健康现状和影响因素，建议重点加强以下八个方面的工作。

1. 加强高层倡导，推动残疾女性生育健康纳入政策议程

建议政府相关部门高度重视残疾女性群体的生育健康问题，健全有益于残疾妇女健康的政策，为女性残疾人口的生育健康构筑体制防护网。首先，必须明确健康公平是社会公平的基础，是实现社会公平其他方面的前提条件。这里的健康公平不仅是指男女的健康公平，而且指残疾人口与非残疾人口的健康公平。而要实现这种公平，就必须依靠一系列的体制改革保驾护航，加大力度、标本兼治，推动残疾女性的生育健康的促进。其次，政府应凝聚医疗机构及社会的力量，加大对残疾女性生育健康相关的公益资金投入。特别对于患有生育健康重大疾病及并发症的贫困家庭的残疾女性，加大诊疗服务的资金扶持力度，降低其生育健康医疗支出总体费用，使她们能够获得能负担得起的医疗服务。最后，针对残疾人事业发展的地域性差异，国家需要进一步支持中西部地区残疾人事业，实施政策倾斜，为中西部地区残疾人性与生育健康的发展创造良好的支持环境。必须进一步加大对一系列制度的改革，取消残疾人口身份歧视性政策限制，努力将当地残疾女性的需求反映到政策层面，推动地方完善和实施残疾妇女健康的政策和措施，增强残疾妇女对健康决策的影响，从源头上促进残疾妇女的健康。

2. 建立"政府领导、部门参与、各司其职、综合治理"的残疾人口管理和服务工作机制

深化残疾人口管理服务机制体制改革，建立"政府领导、部门参与、各司其职、综合治理"的残疾人口管理和服务机制，建立健全市、县（区）、乡（镇、街道）和村（社区）四级残疾人口管理机构；同时，构建一个反馈和提供咨询的双向反应机制。具体来说，政府要整合各部门分条建立的残疾人口信息资源，按照统一的数据标准、管理载体，建立流动人员信息共享平台，形成集居住、就业、保险、治安、生育、卫生和统计等管理功能于一体的综合管理信息系统。还需要按照规定配备残疾人口信息服务员，提高信息服务员的工作待遇和福利保障，明确其采集综合信息、反映诉求、维护权益、宣传咨询等职责。通过一系列的措施，构建比较完善与科学的反馈机制，依据反馈情况为女性残疾人口提供生育健康知识的咨询与服务，最终促进女性残疾人口生育健康状况的改善。还应明确责任主体，增强现有法律法规的执行力度和执行效率，以确保残疾人性与生育健康权益得到良好保护。根据残疾女性生育健康方面的不同需求，相关责任主体进行明确分工与合作，以期能形成一个多部门的协调机制，共同开展残疾女性生育健康需求方面的工作。充分利用各类项目平台，打破政府与非政府组织、公共与个人之间的界限，建立平等的伙伴关系，合作开展生育健康促进活动。对妇女生育健康问题的干预往往不是单一的、线性的，而是集健康教育、医疗服务、专业培训为一体的。多部门共同实施干预，有利于横向弥合各部门间的分工界线，实现优势互补，使干预行动更富有成效。在干预过程中，各类专业人员能够发挥不可替代的作用。在组织功能、条块分工日益精细化的现代社会，部门合作已成为国际公认的促进妇女生育健康的基本前提。

3. 倡导科学、健康的性文化，提升全社会对残疾女性生育健康的认识水平

前已述及，长期以来，我国社会主流文化对性这种亚文化进行着不断的压制，我国性教育发展的滞后导致广大社会居民的性知识与性健康程度的不足，导致很多人对生育健康缺乏正确认识和解决问题的恰当方式方法，从而最终影响到女性生育健康的发展。各民族的生育健康与其社会和文化的关系尤为紧密，文化作为一个重要因素无时无刻不影响着各族男女的生育健康，这要求我们的社会文化逐步转向科学、健康的性文化和生育健康文化。当前各民族的文化正处于急剧嬗变的时候，生育健康无论是作为一种现代生活的新观念，还是作为一个提高人们健康水平和生活质量的科学概念，它都应该义不容辞地发挥它的导向作用，使人们的生活朝着更理智、科学、健康的方向变革。要把人的性活动的道德影响区分为社会方面和私人方面，科学、健康的性文化既不是叛逆式的开放，也不是修道院般的禁锢，而是整个社会对性的认知水平比较均衡，社会中对性的态度比较坦然，个人的自由不被社会所影响，同时社会的秩序不因个人的自由而破坏。因此，要致力于提高社会各界人士对残疾人性教育与生育健康服务重要性和紧迫性的认识水平，倡导文明进步的生育观念，优化妇女健康的社会环境。只有当全社会，尤其是决策者认识到这个问题的重要性，并付诸行动时，残疾女性生育健康才能得到切实维护。在实施干预行动的过程中，强调注意当地的文化敏感性和服务的可接受性，以便使卫生宣传和健康教育成为低投入、高产出，具有社会效益的服务形式，真正起到增强残疾妇女生育健康的作用。

4. 提倡性与生育健康教育的家庭责任，积极鼓励男性的生育健康参与

家庭是人社会化的第一源泉，提倡性与生育健康教育的家庭责任，特别要积极鼓励残疾女性家庭中男性的生殖健康参与，提高男性对生育健康的自我保护意识。在损害女性生育健康的常见病中，性传播是感染的最主要途径。提倡男性参与，能够更好地帮助和督促女性建立良好的生育健康观念，改善其就医行为，建立文明健康的性生活习惯。鼓励男性参与，使男性育龄群众充分认识到避孕套在避孕的同时兼具预防生殖道感染发生的双重作用，督促他们在性生活中自觉自愿地使用避孕套加以防护，并且指导他们如何正确使用，以防范性传播疾病蔓延的风险。在男性对各种避孕方法知情选择的前提下，可以更好地配合残疾女性落实适宜的避孕措施，减少人工流产的发生。对于某些生殖道感染的防治需要夫妻双方共同预防与治疗，促使双方养成良好的生育健康习惯，才可能彻底达到治愈的目的。夫妻在生殖保健知识、信息方面保持对等，在此前提下更易使夫妻间在生育健康方面建立良好的沟通，为妇女创造健康的支持性环境，营造有利于促进残疾妇女身心健康的家庭氛围。

5. 建立针对残疾女性的生殖系统常规健康体检和常见疾病筛查制度

努力做好残疾女性生育健康的基本医疗服务。首先，建立针对残疾女性的常规健康体检制度。常规健康体检可以在没有主观症状的情况下，发现潜在疾病，以利于早期诊断和治疗，达到在疾病防治上事半功倍的效果。卫生健康部门在诊查治疗、避孕节育的基本功能之外，应进行必要的卫生防御，加大对残疾女性生育健康常规体检的投入和管理力度，进一步控制和降低妇科疾病的发生，尽量做到零遗漏的常规健康体检。其次，针对残疾女性的生育健康常见疾病，建立疾病免费筛查制度。在政府政策指导下，相关职能部门和卫生医疗服务机构应充分利用现有卫生资源，采用简便、有效的检测方法，定期进行妇科疾病普查普治，建立减免检查及治疗费用的机制，加大社会救治力度。为残疾女性提供优质、低价或免费的生育健康相关疾病筛查，有利于常见妇女疾病的早发现、早诊断、早治疗。最后，药具管理部门则应进一步完善国家免费避孕药具的发放渠道，使残疾女性更加便利地获得避孕药具特别是避孕套，并教会残疾女性正确使用避孕节育措施，最大限度地降低非意愿生育带来的健康风险。同时，应抓好早期康复，服务过程中注意对残疾女性隐私、保密、知情认可等权利的保障，提高其生活自理能力，这有助于对育龄残疾女性进行生殖保健、预防性传播疾病的发生，对育龄残疾女性的家庭和睦和控制传染病的流行有着重要意义。

6. 开展残疾女性生育健康服务质量评估的多学科综合研究

对残疾女性生育健康的研究限制了政府制定有效的保障残疾女性生育健康权利的前进步伐，阻碍了残疾女性获得全面的、切实的性与生育健康服务。正确地评估残疾女性生育健康的需求是提供满足其需求相应的政策建议或政策开发的重要基础。在当今网络时代，充分利用互联网实现对信息的管理，建立残疾女性及其家庭的生育健康电子档案与随访登记制度，记录并及时掌握残疾女性群体及其家庭成员的生育健康相关情况，针对已经存在和可能潜在的具有生育健康问题的高风险个体或家庭，采取追踪随访等措施和方法给予高度关注，并纳入研究的基础数据。从理论上讲，妇女生育健康本身就是一个集合的、发展的概念。它的形成是传统医学模式转变、妇女运动和社会发展的综合产物。因此，妇女生育健康理论与实践的进一步发展要靠多学科的综合探讨来实现。从实施干预的行动层面上讲，残疾女性生育健康是一项系统工程，涉及生物医学、社会文化、妇女地位、医疗体制等方面。因此，要解决残疾女性健康问题就必须将它置于一个更广阔的视野中，开展残疾女性生育健康服务质量评估的多学科综合研究，从而使残疾女性能够在服务利用的过程中做出更为明智的选择，在获取公益性的服务时更具自主性。同时，综合评估研究对于公益性的生育健康服务部门也是一种刺激和督促，能进一步促进我国残疾女性生育健康状况的持续改进和更加公平地享有生育健康服务。

7. 有效宣传，促进残疾女性人口自身的生育健康行为

一是规范网络媒体，充分发挥其宣传教育作用。媒体网络应多加规范，减少对残疾人性与生育健康的负面新闻的报道，更多关注残疾人性与生育健康事业的发展，扮演好科普育人的角色。除了关注、宣传与报道残疾人性与生育健康相关的政策、活动、项目外，还需要建立专门的残疾人性与生育健康网站，为残疾人提供可靠的性生活技巧和心理帮助，普及家庭性生活的适宜训练。二是构建学校教育－家庭教育－社区教育三位一体的生育健康宣传教育模式。要关注残疾女性的教育问题，特别是女童，让她们也像正常儿童一样接受教育，提高她们将来的就业机会和改善经济状况。加强对残疾人特殊教育资源的投资力度，增加专门面向残疾人的性教育教师的师资培训。在特殊教育的课程设置当中，推动生育健康教育课程的发展。三是重点关注农村的、没有就业的、重度残疾的、贫困的残疾女性，积极开展多形式、多渠道的生育健康宣传教育。例如，针对家庭负担较重的，开展个性化的生育健康宣传服务。为便于她们系统地学习，可在她们居住地开设生育健康讲堂，采用专家现场讲授与循环播放相关课件相结合的办学方式，开讲时间可根据残疾妇女的实际利用情况灵活掌握，使她们真正有机会获得健康知识。全方位、多层次地普及生育健康知识，如利用电视、网络等大众传媒，定期播放生育健康系列专题讲座，安排相关人员将播放信息及时通知到位，特别是对家庭负担较重的残疾女性进行重点通知和督促；在居民区建立生育健康相关知识宣传栏、展板，提供宣传资料上门发送服务，等等。通过一系列健康教育，从知识和意识层面上提升残疾女性的自身潜在或已显现的生育健康问题的认知度，以便提高妇女自身的健康防护意识和形成主动就医行为。四是绝大多数残疾人口生育健康权利意识亟待提高。为此，有必要加大对残疾人口生育健康权利意识的培育与促进工作。残疾人口知道享有什么权利并能正确运用这些权利，才能有效地维护自己的正当权益。生育健康权利是人权的基础，必须加大残疾人生育健康权利的宣传，保护并帮助残疾人行使其正当权利。总之，要

真正提升残疾女性的生育健康水平，来自政府和社会的推动力最终需要通过唤醒残疾女性自觉维护自身生育健康的意识，带动她们自觉采取保护行动，维护和改善自身生育健康而起作用。因此，政府及相关部门应通过加强宣传、深度关注、重点帮扶、知识宣教、健康指导等一系列外部干预措施，最终由外营造环境、创造条件，到内引起重视、积极自救的效果，只有这样才能从根本上解决该人群的生育健康问题。

8. 完善社区生育健康服务体系，提供适宜残疾女性的生育健康服务

为提高残疾女性的生育健康水平，降低其生育健康风险，为其提供适宜有效的性与生育健康服务显得十分有必要。对于已脱离学校教育年龄的残疾人在生育健康服务提供的实践上，以社区卫生服务站点为载体是一个较为合理和可行的选择。应完善社区生育健康服务体系，积极开展社区干预，探索生育健康促进模式，在社区卫生服务机构为残疾人口中的女性提供生理、心理和社会适应等方面的生育健康服务。首先，提供热线咨询和上门服务。开通生育健康免费咨询热线，安排经过严格培训的有相关资质的人员，如妇科或生育临床医生、残疾女性生育健康咨询师，甚至是医学院校大学生志愿者等，全天候接听残疾女性的电话咨询，对咨询的生育健康问题给予专业的解答，督促她们做好预防工作，对已经出现生育健康问题的询问者，首先给予充分的尊重和理解，同时根据症状或病情程度的不同，给予明确的健康指导，比如指导咨询者首先在个人行为上应立即停止那些加重病情的做法，或者指导咨询者目前应该采取哪些应对措施，或者有必要时督促其尽早就医，由专科的医生对残疾程度严重的人群进行上门服务就诊。同时做好保密工作，维护咨询者的个人隐私。对于某些残疾女性，由于长期的家庭重负，加之面临某些健康问题，可能致使她们情绪较其他咨询者更烦躁或抑郁，所以对她们的咨询应该更加耐心细致，适时给予心理疏导，消除生育健康心理隐患。其次，加强社区行动，鼓励残疾妇女参与。生育健康常常是以社区为依托的，在社区层面上实施干预有利于残疾妇女的参与和运作。残疾妇女是社区生育健康的重要变量，是集多种角色、多种潜能、多种健康需求为一体的。因此，可以通过培养社区残疾妇女骨干，成立健康互助组等行动，使残疾妇女组织起来，建立自己的支持网络，发挥残疾妇女在社区中的健康辐射作用，逐步改变残疾妇女在社区中的边缘地位。充分发动社区的力量，利用社区现有资源，开发社区潜力，积极将残疾人口生育健康问题纳入社区发展规划及卫生保健措施的制定范围并促使其得到认真有效的执行。按照统一管理、优质服务的要求，积极探索不同类型的区域协作模式，建立科学合理的长效管理服务机制。发达国家的健康促进实践也证明，有效的社区卫生服务不仅可以提高卫生保健服务的公平和效率，而且在控制医疗费用增长和提高居民健康水平方面都卓有成效。调整健康服务的取向，改变医疗服务与妇女保健需求相脱节的状况，建立平等的医患关系，树立以患者为中心的意识，改善残疾女性的就医环境，提高残疾女性保健服务的质量与水平，由单纯医疗型服务向医疗保健型服务方向发展。基于社区卫生服务开展残疾女性性与生育健康服务有一定的可行性和有效性。但基于社区卫生服务开展性与生育健康服务也有其局限性，政府支持力度、从业人员的业务素质、社区人群特征都制约着这种服务方式的推广，需要进一步探索和改进。

（六）关于残疾女性生育健康的再思考

回顾以往10多年的风雨历程，中国在促进残疾女性生育健康的政策和实践上已迈出了坚实的一步，相关信息、教育及服务的供给上也出现了历史性的跨越。这些年的变化不可谓不大，然而，各种探索毕竟尚处于起步阶段，残疾女性不断增长的现实需求同教育与服务提供之间的断裂并未得到有效弥合。更堪忧虑的是，许多问题有增无减，甚至还在不断恶化。20世纪90年代以来的各种变化可谓喜忧参半，其未来发展前景亦喜亦忧。凡此种种也足以表明，残疾女性生育健康的挑战已无可规避地摆到了中国社会的面前。

基于以往10多年的嬗变，比照前瞻性的国际目标，要使残疾女性真正了解性与生育健康知识、转变态度并改变行为，还有赖于促成更宽泛的立法政策和体制层面的变革，以便可持续地保障残疾女性的权利并赋权这个群体。如同发展经济一样，对残疾女性健康与发展的干预同样需要有国际视野。放眼整个世界，以联合国系统为核心的各种发展机构正致力于倡导并提供以生活技能为基础的残疾女性生育健康教育，提供友好型服务，创造支持性环境以及增强残疾女性的参与权和领导权。加速促进残疾女性性与生育健康的步伐，也有助于我们汇入人类主流文明和世界进步的大潮之中。

投资于残疾女性尤其是残疾女性的性与生育健康不只是出于人权和社会公正的要求，也是减贫和实现社会经济进步的关键性战略。这不仅有益于残疾女性自身的发展，而且也关乎家庭、社区乃至整个社会的福祉与和谐。这也再次表明，无论是出于应急之需抑或是长远之计，不失时机地加快为残疾女性提供适当信息、教育和生活技能的步伐已势在必行，理应尽早列入国家发展的优先领域并摆上政府工作的重要议事日程。

生育健康行动不应是空泛的概念搬运，而应是具有实际内容的运作；不应是表面文章，而应是造福于人民的行动；不应是季节性的赶时髦，而应是连续不断的一个过程。我们必须吸取以往工作包括生育工作在内的经验和教训，尊重我国贫困地区的实际情况，从增强意识入手，把生育健康项目与扶贫开发、社会发展和妇女能力提高结合起来，从本质上解决问题。

残疾女性的性与生育健康状况不仅是性问题和健康问题，更是复杂的社会问题和严峻的发展挑战。承载着历史与现实元素、交织着文化传统与全球化新知的性与生育健康信息、教育和服务供给，显然不可能一蹴而就或一劳永逸。无论在政策和制度层面，还是在具体操作过程或项目实践中，各级政府、非政府组织乃至家庭等仍有相当大的努力空间。未来探索之路既不会平坦，亦不可能一帆风顺。这一切都呼唤个人、家庭、社区、保健系统及整个社会共同携手努力，因而也更需要国家对残疾女性的健康与发展问题做出真正整合性的政策回应。

生育健康权是人最基本的权利，是实现人全面发展与进步的基石。没有健康做保障，任何发展与进步都是空谈。对于属于弱势群体的女性残疾人口来说，由于体制中不合理因素和自身因素的限制，加重了对女性残疾人口生育健康的威胁。社会应充分尊重残疾女性应有的各项权利，让她们同健全人一样以平等的地位与均等的机会参与社会生活和国家建设，共享经济社会发展成果。

总而言之，生育健康问题不单纯是医学和技术的问题，还与社会、文化、经济等因素密切相关,对生育健康促进的认识不局限于医疗保健机构、专业服务人员,更要将家庭、学校、单位、社区乃至政府和非政府组织等视为生育健康促进行动的有机组成。因此,对残疾女性生殖道感染的干预要动员社会多方面力量,发挥各领域优势,共同提高女性残疾人口的生育健康水平。

后记　研究不足及后续展望

女性学在其发展过程中产生了学术界普遍公认的主要基础理论流派之一，即社会性别理论。社会性别理论区分了生理性别和社会性别的差异，强调社会文化等因素对男女两性的性别角色和行为的建构作用。社会性别意识论认为，性别差异带着历史文化传统、社会习俗和教育教化等的深刻烙印，有着浓重的社会属性。私有制后，两性由分工不同而逐渐强弱分明，以至约定俗成为顽固的性别观念。这一理论强调社会上存在的价值观、制度等对男女的性别角色有不同的定位，男女两性在成长的过程中会按照社会期望的角色发展，从而形成不同的兴趣、爱好，参加不同的活动，进而对自己将来的职业也会确定不同的目标。女性历史与现实的孱弱以及被歧视的直接原因不是生理特征，而是父权文化长期干预的结果。男女两性在社会文化的构建下形成性别特征和差异，而社会文化则形成对男女差异的理解以及属于男性或女性的群体特征和行为方式。在传统的社会性别意识影响下，性别歧视是女性难以绕开的绊脚石，社会到处体现着一种以性别进行分工的模式，这无疑成了女性生活中的一种制约因素，为女性生活设置了人为的障碍。

近些年，社会性别研究引起了学术界的广泛重视，性别分析大有成为女性研究主流的趋势。

（一）近年来女性学理论研究的基本特点

追寻近年来女性学理论研究的演进脉络，不难发现，女性学理论研究在继续取得新的进展的同时，也存在一些明显的不足，概括起来，有以下三个重要特点。

第一，跨学科性逐渐增强，但"理论预设"的痕迹过于突出。近年来，女性学研究的各学科分支不断深入拓展，为女性学学科发展提供了丰富的而且是多元的理论内涵。这些女性学学者的专业背景是多样化的，他们来自包括人口学、经济学、社会学、哲学、政治学、人类学、法学、心理学、历史学、文学等多个学科领域，他们以女性学的视角和方法审视、补充、纠正，甚至颠覆既有学问并将各自专业的最新理论信息带入女性学的研究。此外，女性学学科建设对不同学科背景研究者的渴求与吸纳，也使得所有能为女性学研究所用的资源集中起来，进一步促成了女性学理论研究的跨学科现象。但这期间，很多女性学学者急于从新的角度、依据女性学理论和视角对原有学科问题进行阐释与分析，得出与此前不同的结论和研究成果，因而很多的著述中都出现了一种高度相同的倾向：主题先行，预先设定女性必然遭受男性压迫的历史处境，然后在这个意图之下，断章取义，挑出文本中有利的片面例子，然后使之成为女性历史与文化宿命的佐证。然而，这样长此以往，可能会导致妇女学理论研究的僵化。

第二，实证支撑不断丰富，但存在将社会性别分析夸大化的倾向。多年来，我们在作为基础理论源泉的社会实证层面上的研究硕果累累，对于许多具体的妇女问题探讨达到了相当的深度，许多以前被遗忘或者容易忽视的问题也都被纳入了女性学理论的考察范围，几乎很难有什么问题可以逃过女性学研究无所不在的目光。但若将这些成果分类，不难发现，在理论的实证支撑方面，很多成果都采用了女性学理论中颇有影响力的社会性别分析框架，可以说，社会性别结构分析方法是女性学立足于学术之林的重要砝码之一，它填补了传统学术中性别批评话语的缺失，为学科之间的交流建构起一个以社会性别分析为支撑的平台。但是，应特别注意和警惕的是，现行的研究有一种将社会性别理论作用夸大化的倾向，研究中必称"社会性别"，以为任何一种妇女关系都是性别视角缺失造成的，然而又不能给予很恰当的论证，从长远发展来看，这种倾向并不利于女性学理论的继续前行。

第三，多元综合趋势明显，但没能从根本上克服简单糅合的弊端。在各国妇女理论研究的不断交流和有机融合中，女性学理论的各种理论流派形成彼此交错、相互交织的局面，流派与流派之间的边界也变得越来越模糊。尽管各种女性学理论的基础理论范式在表述与行动取向上不尽相同，但它们在当前的实际研究中却没有那么泾渭分明的界限，并开始表现出了某些共同的特征和趋势。与此同时，很多学术产出渗透了多学派的理论观点和视角，很难说它们单纯地属于哪个理论派系的研究成果，只是鉴于不同地理与历史情境下妇女发展的复杂性，研究者各取所需，对理论的应用有不同的侧重而已。但该多元理论综合仍然以西方社会为中心，仍然停留在简单地将两种或多种不同流派的理论观点糅合在一起的阶段，而没有在对不同流派观点的全面理解与概念创新之上努力实现研究范式层面的系统整合，缺乏理论深度和应有的超越与创新，这在相当程度上造成了女性学理论研究的重复和老套。

（二）女性学理论研究的未来展望

近年来，国内外女性学理论的研究视野更加开阔，理论意识和学术取向在相当程度上都有所更新，产生了不少颇有见地的著述。但从世界范围内看，不可否认，中国的女性学理论研究在国际学术舞台上依然略显逊色与滞后。为了加快女性学理论建设的发展，促使中国女性学学科的真正成熟，在审视和对比西方女性学理论近年发展态势的基础上，我们提出以下三点建议：

第一，促进学术队伍和研究对象的性别多元化。在目前国内女性学理论的研究中，有这样一个不争的基本事实：女性学者占主导地位，男性研究人员少而又少。性别因素固然会在一定程度上影响研究者对问题的看法，但这种出自不同性别主体的感受对认识和理解女性的内涵，增进不同性别之间的相互沟通，创造良好的女性学理论发展环境和氛围，是必要而有益的。因为男性学者对问题的研究从表面上看是与女性相对的男性视角，但他们所遭遇的问题与女性研究者没有本质上的区别。然而，目前把女性学研究视为女性专利的现象，会在无形中缩小和削弱学术队伍和研究力量。为此，需要呼吁更多的男性研究者对女性学学科发展与理论研究给予关注和参与。同时，也应注意研究影响女性特质建构的男性气概，在这一领域，国外学界已经取得了很多进展，但反观当今中国，关于男性气质的学术研究至今仍比较匮乏。在今后的女性学理论研究中，男女双方均要坚持相互尊重的态度，即使难免有一些性别偏见掺杂其间，也可以寻求在广泛的相互对话与真诚交流中加以磨合，达成超越性别视角的共识。

第二，在中国女性学学者中倡导学派意识。毋庸置疑，近年来，女性学理论研究在新的时代环境和学术条件下，取得了很大进展。但是，中国女性学研究在五花八门的西方女性理论学说的挑战面前，缺乏应有的回应能力与整合消化能力，大多都是对西方女性学理论零碎的、去脉络化的跟随和引用，或者反之高呼以本土化代替西方化的教条主义批判，缺乏提炼、概括到理论高度的能力。尽管学术界经过多年的探索，提出了性别和谐理论，但是看似很有理论市场的性别和谐理论，由于大多数研究者将它作为政治主张束之高阁，缺乏理论创新与拓展的勇气，因此其内部分支相对单一，在国际学术推动方面收获甚微。其实，要推动中国女性学理论的深度构建，很有必要倡导学派意识，形成各学派相互探讨与碰撞的学术氛围，也只有这样，性别和谐理论等理论创新才有生根、发芽、茁壮成长的可能。当然，理论创新是个难点，即便是在对西方女性学理论的借鉴与学习上，也必须要有意识地去发掘每一种理论的前提条件和各种限制性因素，去探索形成不同理论分支的动力机制，再从中找寻基于本土的理论源泉来指导社会实践，这才是具有主体性的女性学理论本土化的一种路径。

第三，强化理论研究的合作精神和全球视野。西方女性学理论的快速发展很大程度上归功于学者的共同参与和交流合作。但上述的回顾显示，在我国，女性学学者合作的作品相对少见，但独立一方、单枪匹马的学术努力却到处可见。其实，相对比来看，团队意识、合作意愿更能促使大家彼此互动、优势互补、协调前进，是女性学理论建设不可或缺的。所以要发挥女性学学术骨干和学术带头人的引导作用，选择那些能牵动全局发展的基本理论课题，以课题组织队伍，广泛开展国内学者甚至是中外学者间的合作研究，围绕一些重大理论问题进行集体攻关，不断推进女性学理论研究的发展。与此同时，我们还要注意到，当代世界的许多问题都是全球性的问题，再也难以在民族国家、地方社区的层次上进行封闭式的研究，无论是否接受全球化及其衍生结果，女性学家都不能不考虑这个全球化的因素。我国女性学理论研究者不应该将学术视野还继续局限在国内和若干年前的西方研究，更要积极主动地融入全球化的过程中，更加及时地跟踪、吸收、反思全球的女性学理论研究成果，进而也可以从自己的经验和立场出发，用自己具有开放视角的研究成果，在全球女性学学科构建与理论发展中发出中国的声音并做出应有的贡献。

每一项学术研究的完成都带着些许遗憾，也难以完美地解决所有的问题。由于受到经费、时间、精力等各方面的限制，本书所做的研究工作还十分有限，而且存在着许多可继续提升的空间，今后的研究中若能进一步就女性婚育、就业、健康等相关系列问题做更为系统深入的分析，将对研究大有裨益。

参 考 文 献

[1] 唐燕飞. 古代家庭教育的内容、方式及影响 [J]. 教育评论, 2014 (3).

[2] 杨善华, 沈崇麟. 城乡家庭——市场经济与非农化背景下的变迁 [M]. 杭州: 浙江人民出版社, 2000.

[3] 张美声. 论性别观念与社会决策的关系 [J]. 社会科学辑刊, 1998.

[4] Hamilton G V. A research in marriage [M]. New York: Albert and Charles Boni, 1929.

[5] Blood R O, Wlofe D M. Husbands and wives: the dynamics of married living [M]. New York: The Free Press, 1960.

[6] Rodman H. Marital power in France, Greece, Yugoslavia, and the United States: a cross-national discussion [J]. Journal of Marriage and the Family, 1967 (2).

[7] Heer D M. The measurement and bases of family power: an overview [J]. Marriage and Family Living, 1963 (2).

[8] Safilios-Rothschild C. A macro-and micro-examination of family power and love. An exchange mode [J]. Journal of Marriage and the Family, 1976 (2).

[9] Mirowsky J. Depression and marital power: an equity model [J]. American Journal of Sociology, 1985 (3).

[10] 韦惠兰, 杨琰. 妇女地位评价指标体系研究 [J]. 兰州大学学报, 1999 (2).

[11] 刘启明. 中国妇女家庭地位研究的理论框架及指标建构 [J]. 中国人口科学, 1994 (6).

[12] 左际平. 从多元视角分析中国城市的夫妻不平等 [J]. 妇女研究论丛, 2002 (1).

[13] 徐安琪. 夫妻权力和妇女家庭地位的评价指标: 反思与检讨 [J]. 社会学研究, 2005 (4).

[14] McDonald G W. Family power: reflection and direction [J]. The Pacific Sociological Review, 1977 (4).

[15] 徐安琪, 叶文振. 中国婚姻研究报告 [M]. 北京: 中国社会科学出版社, 2002.

[16] 刘达临. 中国当代性文化 [M]. 上海: 上海三联书店, 1992.

[17] 潘绥铭. 中国的性现状 [M]. 北京: 光明日报出版社, 1995.

[18] 潘绥铭. 社会对于个人行为的作用——以"多伴侣性行为"的调查分析为例 [J]. 中国社会科学, 2002 (4).

[19] 李银河. 北京市婚姻质量的调查分析 [J]. 中国社会科学季刊 (香港) 夏季卷, 1996 (5).

[20] 徐安琪, 叶文振. 性生活满意度: 中国人的自我评价及其影响因素 [J]. 社会学研究, 1999 (3).

[21] 张群林, 伊莎贝尔·阿塔尼, 杨雪燕. 中国农村大龄未婚男性的性行为调查和分析 [J]. 西安交通大学学报 (社会科学版), 2009 (6).

[22] 周建芳, 孙晓明, 毛京沭, 等. 娱乐场所未婚从业人员性行为研究——以江苏某市一大型娱乐场所为例 [J]. 人口与发展, 2009 (5).

[23] 彭彧华, 沈莉, 沃建中, 等. 当代大学生性行为和性态度、性知识的特点及关系 [J]. 人口研究, 2009 (6).

[24] 朱江, 钟春俐, 陆卫群, 等. 贵州省部分少数民族已婚男性性生活现状及影响因素调查 [J]. 中国计划生育学杂志, 2010 (10).

[25] 王菊芬. 上海市流动人口未婚先孕妇女的性行为、避孕方法使用以及怀孕结果选择 [J]. 人口研究, 1999 (1).

[26] 郑立新, 朱嘉铭, 田佩玲, 等. 广州外来未婚年轻女工性行为状况及影响因素 [J]. 中国计划生育学杂志, 2000 (4).

[27] 郑真真,周云,郑立新,等.城市外来未婚青年女工的性行为、避孕知识和实践——来自5个城市的调查[J].中国人口科学,2001(2).

[28] 卢淑华.婚姻观的统计分析与变迁研究[J].社会学研究,1997(2).

[29] 徐莉,刘爽.大城市未婚青年的性知识、性观念及行为模式[J].青年研究,2001(4).

[30] 罗渝川,张进辅.从20世纪的最后10年看我国青年婚恋观的变迁[J].陕西师范大学学报(哲学社会科学版),2001(4).

[31] Allen E S, Atkins D C, Baucom D H, et al. Interpersonal, and contextual factors in engaging in and responding to extramarital involvement [J]. Clinical Psychology: Science and Practice, 2005 (2).

[32] 袁小平,赵茹春.从女性对婚外恋的容忍差异看女性的婚姻观念变迁——基于四位女性的访谈发现[J].社会工作,2007(12).

[33] 杨建珍,罗敏.广东家庭婚姻道德状况与对策思考[J].妇女研究论丛,2003(12).

[34] 靳小怡,任峰,悦中山.农民工对婚前和婚外性行为的态度:基于社会网络的研究[J].人口研究,2008(5).

[35] Treas J, Giesen D. Sexual infidelity among married and cohabiting Americans [J]. Journal of Marriage and Family, 2000 (1).

[36] Sponaugle G C. Correlates of attitudes toward extramarital sexual relations [Z]. Paper Presented at the Meeting of the Midwest Sociological Society, St. Louis, Missouri, 1976, April.

[37] 魏永峰.婚姻质量与婚外性态度关系中的性别差异[J].妇女研究论丛,2015(2).

[38] Saunders J M, Edwards J N. Extramarital sexuality: a predictive model of permissive attitudes [J]. Journal of Marriage and Family, 1984 (4).

[39] 吴银涛,肖和平.青年农民工婚外恋的社会学分析[J].当代青年研究,2008(2).

[40] Thornton A, Alwin D F, Camburn D. Causes and consequences of sex-

role attitudes and attitude change [J]. American Sociological Review, 1983 (2).

[41] Vella F. Gender roles and human capital investment: the relationship between traditional attitudes and female labour market performance [J]. Economica, 1994 (61).

[42] Kane E W. Education and beliefs about gender inequality [J]. Social Problems, 1995 (1).

[43] 李慧英. 将性别意识纳入决策主流的讨论 [J]. 妇女研究论丛, 1996 (3).

[44] 李国华. 人类性别意识的演变及趋势 [J]. 中华女子学院学报, 1999 (3).

[45] 石红梅, 叶文振, 刘建华. 女性性别意识及其影响因素——以福建省为例 [J]. 人口学刊, 2003 (2).

[46] 陶春芳, 蒋永萍. 中国妇女社会地位概观 [M]. 北京: 中国妇女出版社, 1993.

[47] 沙吉才. 中国妇女地位研究 [M]. 北京: 中国人口出版社, 1998.

[48] 左志香. 当代女高中生的性别意识探析——对武汉市400名高中生的调查 [J]. 青年研究, 2007 (9).

[49] Ciabattari T. Changes in men's conservative gender ideologies: cohort and period influences [J]. Gender and Society, 2001 (4).

[50] 许晓茵, 陈琳, 李珍珍. 性别平等认知及其影响因素的研究评述 [J]. 妇女研究论丛, 2010 (3).

[51] 左伟清. 广东妇女传统性别观念调查 [J]. 中华女子学院学报, 2003 (2).

[52] 吴贵明, 马义英. 提高社会性别意识任重道远——福建省党政干部性别意识调查与分析 [J]. 妇女研究论丛, 2006 (3).

[53] 刘越, 尹勤, 温勇, 等. 少数民族地区妇女性别意识研究——以贵州道真、雷山两县已婚育龄妇女为例 [J]. 南京人口管理干部学院学报, 2009 (1).

[54] 闭健辉. 我国农村性别偏好的经济学分析及对策 [J]. 桂海论丛,

2003 (5).

[55] 顾宝昌,罗伊.中国大陆、中国台湾省和韩国出生婴儿性别比失调的比较分析[J].人口研究,1996 (5).

[56] 李冬莉.儒家文化和性别偏好:一个分析框架[J].妇女研究论丛,2000 (4).

[57] 周丽苹.关注生育政策与人口结构的联动效应[J].人口与发展,2006 (1).

[58] 李若健.性别偏好与政策博弈:广东省出生人口性别比时空变迁分析[J].中山大学学报(社会科学版),2005 (3).

[59] 原新,石海龙.中国出生性别比偏高与计划生育政策[J].人口研究,2005 (3).

[60] 乔晓春.对中国人口普查出生婴儿性别比的分析与思考[J].人口与经济,1992 (3).

[61] 李涌平.胎儿性别鉴定的流引产对出生婴儿性别比的影响[J].人口研究,1993 (5).

[62] 梁宏.广东人口意愿生育性别偏好的影响因素分析[J].南方人口,2008 (1).

[63] 潘贵玉.婚育观念通论[M].北京:中国人口出版社,2003.

[64] 李实.农村妇女的就业与收入——基于山西若干样本村的实证分析[J].中国社会科学,2001 (3).

[65] 欧阳振安,禹海慧.湖南省出生人口性别比失衡的原因分析[J].湘潭理论,2007 (1).

[66] 刘爽.对中国生育"男孩偏好"社会动因的再思考[J].人口研究,2006 (3).

[67] 庄渝霞.女性地位低的层级推演——对出生性别比偏高背后隐象的探析[J].南方人口,2006 (1).

[68] 韦艳,梁义成.韩国出生性别比失衡的公共治理及对中国的启示[J].人口学刊,2008 (6).

[69] 穆光宗.马寅初人口科学论坛:出生人口性别异常偏高与生育政策有关吗?[J].人口与发展,2008 (2).

[70] 杨菊华. 一孩半生育政策的社会性别与社会政策视角分析 [J]. 妇女研究论丛, 2009 (3).

[71] 张维庆. 尊重科学规律、把握时代脉搏、努力探索中国特色统筹解决人口问题道路 [J]. 人口研究, 2007 (3).

[72] 李树茁, 韦艳, 任锋. 国际视野下的性别失衡与治理 [M]. 北京: 社会科学文献出版社, 2010.

[73] 汤兆云. 生育政策对出生性别比升高影响及未来生育政策的走向 [J]. 江苏社会科学, 2011 (6).

[74] 朱明宝, 石智雷. "单独二孩"政策有助于出生性别比的平衡吗？——来自湖北省家庭调查的证据 [J]. 人口与发展, 2015 (5).

[75] 乔晓春. 实施"普遍二孩"政策后生育水平会达到多高？ [J]. 人口与发展, 2014 (6).

[76] 翟振武, 张现苓, 靳永爱. 立即全面放开二胎政策的人口学后果分析 [J]. 人口研究, 2014 (2).

[77] 国佳, 董玲. 二孩政策给妇幼保健工作带来的新挑战 [J]. 中国妇幼保健, 2016 (17).

[78] 胡丽娜. 二孩政策下高危孕产妇风险预警体系构建的思考 [J]. 中国实用妇科与产科杂志, 2017 (1).

[79] 赵白鸽. 围绕家庭发展积极推动人口和计划生育公共服务拓展 [J]. 中国计划生育学杂志, 2011 (6).

[80] 李斌. 开展创建幸福家庭活动提高家庭发展能力 [J]. 人口与计划生育, 2011 (7).

[81] 张平德. 实施"生育文明·幸福家庭"促进计划的思考 [J]. 人口与计划生育, 2013 (2).

[82] 范彩军. 人口和计划生育家庭公共服务体系建议初探 [J]. 中国计划生育学杂志, 2012 (3).

[83] 符宁, 刘娟, 张松江. 美国NFP项目及对我国生育救助及扶贫的启示 [J]. 人口学刊, 2016 (4).

[84] 郑功成. 中国社会救助制度的合理定位与改革取向 [J]. 国家行政学院学报, 2015 (4).

[85] Hoppock R. Job satisfaction [M]. New York: Harper & Row, 1935.

[86] Taylor F W. The principles of scientific management [M]. New York: Harper & Row, 1911.

[87] Adams J S. Toward an understanding of inequity [J]. Journal of Social Psychology, 1963 (5).

[88] Vroom V H. Work and motivation [M]. New York: John Wliey & Sons, 1964.

[89] Maslow A H. Motivation and personality [M]. New York: Harper & Row, 1970.

[90] Locke A E. Satisfiers and dissatisfiers among white-collar and blue-collar workers [J]. Journal of Applied Psychology, 1973 (1).

[91] 陈子光. 影响知识分子工作动机和工作满意感的主要因素 [J]. 应用心理学, 1990 (2).

[92] 胡蓓. 脑力劳动者工作满意度实证研究 [J]. 科学研究, 2003 (7).

[93] 王志刚, 蒋慧明. 关于中国员工个体特征对其公司满意度影响的实证研究 [J]. 南开管理评论, 2004 (1).

[94] 孙永正. 农民工工作满意度实证分析 [J]. 中国农村经济, 2006 (1).

[95] 国家统计局课题组. 中国农民工生活质量影响因素研究 [J]. 统计研究, 2007 (3).

[96] 叶文振, 刘建华, 夏怡然, 等. 女大学生的"同民同工"——2002年大学本科毕业生就业调查的启示 [J]. 中国人口科学, 2002 (6).

[97] 李敏智. 女大学生择业质量的影响因素及其提升策略 [J]. 广西师范大学学报（哲学社会科学版), 2013 (3).

[98] 杨慧. 80后女大学生就业状况与性别差异分析 [J]. 妇女研究论丛, 2014 (3).

[99] 陈婷婷. 女大学生能找到好工作吗？——大学生择业质量性别差异的实证调查 [J]. 教育学术月刊, 2015 (2).

[100] Anchita G. Faith, work and women in a changing world: the influence of religion in the lives of beedi rollers in west bengal [J]. Gender and

Development, 2006 (3).

[101] Hyde J S. The gender similarities hypothesis [J]. American Psychologist, 2005 (6).

[102] Kling J R, Liebman J B, Katz L F. Experimental analysis of neighborhood effects [J]. Econometrica, 2007 (1).

[103] Nauta M. Career interests, self-efficacy and personality as antecedents of career exploration [J]. Journal of Career Assessment, 2007 (2).

[104] 国家卫生和计划生育委员会流动人口司. 中国流动人口发展报告2015 [M]. 北京: 中国人口出版社, 2015.

[105] 吴愈晓, 吴晓刚. 城镇的职业性别隔离与收入分层 [J]. 社会学研究, 2009 (4).

[106] 张丹丹. 市场化与性别工资差异研究 [J]. 中国人口科学, 2004 (1).

[107] 庞丽华, 罗雅楠. 我国已婚流动女性就业状况及性别差异影响因素研究 [J]. 南方人口, 2015 (1).

[108] 国云丹. 高知女性、生育与职业发展——以上海市21位女性为例 [J]. 妇女研究论丛, 2009 (2).

[109] 宋严, 宋月萍, 李龙. 高等教育与社会资本: 性别视角下的审视 [J]. 人口与发展, 2012 (6).

[110] Granovetter M. The strength of weak ties [J]. American Journal of Sociology, 1973 (6).

[111] Lin N. Social networks and status attainment [J]. Annual Review of Sociology, 1999 (25).

[112] 童梅. 社会网络与女性职业性别隔离 [J]. 社会学研究, 2012 (4).

[113] 程诚, 王奕轩, 边燕杰. 中国劳动力市场中的性别收入差异: 一个社会资本的解释 [J]. 人口研究, 2015 (2).

[114] [美] 罗伯特·D. 帕特南. 使民主运转起来 [M]. 王列, 赖海榕, 译. 南昌: 江西人民出版社, 2001.

[115] Bain K, Hicks N. Building social capital and reaching out to excluded groups: the challenge of partner-ships [C]. Paper Presented at CELAM

Meeting on the Struggle against Poverty towards the Turn of the Millennium, Washington D C, 1998.

[116] 赖德胜,赵筱媛. 中国残疾人就业与教育现状及发展研究 [M]. 北京: 华夏出版社, 2007.

[117] 王雪梅. 残疾人就业问题与就业保障政策思考 [J]. 北京行政学院学报, 2006 (2).

[118] Yelin E H, Trupin L. Disability and the characteristics of employment [J]. Monthly Labor Review, 2003 (5).

[119] 张秀梅. 福州城市社区残疾人就业状况调查 [J]. 社会, 2004 (2).

[120] 刘同昌. 青岛市城区残疾人就业状况调查 [J]. 人口学刊, 2004 (1).

[121] Melanie K J, Paul L L, Peter J S. Disability, gender, and the British labor market [J]. Oxford Economic Papers, 2006 (3).

[122] José M J, Manuel V. Impact of social factors on labor discrimination of disabled women [J]. Research in Developmental Disabilities, 2009 (6).

[123] Baldwin M L, Choe C. Re-examining the models used to estimate disability-related wage discrimination [J]. Applied Economics, 2014 (12).

[124] Becker G S. The economic approach to human behavior [M]. Chicago: University of Chicago Press, 1976.

[125] Brewster K L, Rindfuss R R. Fertility and women's employment in industrialized nations [J]. Annual Review of Sociology, 2000 (26).

[126] Entwisle B, Chen F. Work patterns following a birth in urban and rural China: a longitudinal study [J]. European Journal of Population, 2002 (2).

[127] Mandel H, Semyonov M. A welfare state paradox: state interventions and women's employment opportunities in 22 countries [J]. American Journal of Sociology, 2006 (6).

[128] Budig M, England P. The wage penalty for motherhood [J]. American Sociological Review, 2001 (2).

[129] Budig M J. Are women's employment and fertility histories interdependent? An examination of causal order using event history analysis [J]. Social Science Research, 2003 (3).

[130] Engelhardt H, Prskawetz A. On the changing correlation between fertility and female employment over space and time [J]. European Journal of Population, 2004 (20).

[131] 杨慧. 全面两孩政策下促进女性平等就业的路径探讨 [J]. 女性研究论丛, 2016 (2).

[132] 张川川. 子女数量对已婚女性劳动供给和工资的影响 [J]. 人口与经济, 2011 (5).

[133] 於嘉, 谢宇. 生育对我国女性工资率的影响 [J]. 人口研究, 2014 (1).

[134] 叶文振, 葛学凤, 叶妍. 流动女性的职业发展及其影响因素 [J]. 人口研究, 2005 (1).

[135] 赵梦晗. 全面二孩政策下重新审视公共政策中缺失的性别平等理念 [J]. 人口研究, 2016 (11).

[136] 吴帆. 全面放开二孩后的女性发展风险与家庭政策支持 [J]. 西安交通大学学报（社会科学版）, 2016 (6).

[137] 张琪, 张琳. 生育支持对女性职业稳定的影响机制研究 [J]. 北京社会科学, 2017 (7).

[138] 宋健, 周宇香. 中国已婚女性生育状况对就业的影响——兼论经济支持和照料支持的调节作用 [J]. 女性研究论丛, 2015 (4).

[139] 杨菊华, 杜声红. 部分国家生育支持政策及其对中国的启示 [J]. 探索, 2017 (2).

[140] 国家卫生和计划生育委员会流动人口司. 中国流动人口发展报告（2014）[M]. 北京：中国人口出版社, 2014.

[141] 王雁飞. 社会支持与身心健康关系研究述评 [J]. 心理科学, 2004 (5).

[142] Stanfeld S A. Social support and social cohesion. In Marmot M, Wilkinson R G (Eds.). Social Determinants of Health [M] Oxford: Oxford U-

niversity Press, 1999.

[143] 廖传景. 青年农民工心理健康及其社会性影响与保护因素 [J]. 中国青年研究, 2010 (1).

[144] 刘越, 林朝镇, 黄慧娟, 等. 流动人口人格特征和社会支持对心理健康影响 [J]. 中国公共卫生, 2011 (4).

[145] 刘巍. 西北农村留守妇女社会支持网络对其心理健康的影响: 来自甘肃省的调查发现 [J]. 妇女研究论丛, 2012 (5).

[146] 苏莉, 韦波, 凌小凤. 建筑工地农民工社会支持与心理健康相关分析 [J]. 现代预防医学, 2009 (6).

[147] 严征, 彭安辉, 刘丰丰, 等. 农村流动人口社会支持与客观健康、自感健康的关系研究 [J]. 现代预防医学, 2009 (5).

[148] 刘越, 尹勤. 流动妇女与流动男性的心理健康与社会支持 [J]. 中国心理卫生杂志, 2010 (8).

[149] 王桂新, 苏晓馨. 社会支持/压力及其对身心健康影响的研究——上海外来人口与本市居民的比较 [J]. 人口与发展, 2011 (6).

[150] 贺寨平. 国外社会支持网研究综述 [J]. 国外社会科学, 2001 (1).

[151] 齐亚强, 牛建林, 威廉·梅森, 等. 我国人口流动中的健康选择机制研究 [J]. 人口研究, 2012 (1).

[152] Hyyppa M T, Markku J. Why do swedish-speaking finns have longer active life? An area for social capital research [J]. Health Promotion International, 2001 (1).

[153] Pollack C E, Von Dem Knesebeck O. Social capital and health among the aged: comparisons between the United States and Germany [J]. Health and Place, 2004 (4).

[154] Ziersch A, Baum F, MacDougall C, et al. Neighborhood life and social capital: the implications for health [J]. Social Science Medicine, 2005 (1).

[155] Phongsavan P, Chey T, Bauman A, et al. Social capital, socio-economic status and psychological distress among Australian adults [J]. Social Science and Medicine, 2006 (10).

[156] 李玉霞,曲江斌,赵娜.社会资本在健康领域的应用现状[J].卫生软科学,2006(6).

[157] 鲍常勇.社会资本理论框架下的人口健康研究[J].人口研究,2009(2).

[158] 胡荣,陈斯诗.影响农民工精神健康的社会因素分析[J].社会,2012(6).

[159] 联合国.残疾人权利公约[EB/OL].(2007-11-21).http://www.cdpf.org.cn/zcwjl/flfg/200711/t20071121_25295.shtml.

[160] Barzelatto J. Continuation and change: research in human reproduction: biannial report 1986—1987 [R]. Geneva: WHO Special Program of Research, Development and Research Training in Human Reproduction, 1988.

[161] World Health Organization. Challenges in reproductive health research, riannial report 1992—1993 [R]. Geneva: WHO Special Program of Research, Development and Research Training in Human Reproduction, 1994.

[162] United Nations Population Fund. Population issues briefing kit 1995 [R]. UNFPA, 1995.

[163] Drew J A, Short S E. Disability and pap smear receipt among U.S. women, 2000 and 2005 [J]. Perspect Sex Reprod Health, 2010 (4).

[164] 蔡禾,周林刚,等.关注弱势:城市残疾人群体研究[M].北京:社会科学文献出版社,2008.

[165] 何小英,唐立新,邓爱玲,等.广东省育龄残疾女性生育及生殖健康调查[J].中国康复理论与实践,2008(8).